税務調査官の視点からつかむ

印紙税の実務と対策

顧問先に喜ばれる
一歩踏み込んだアドバイス

佐藤明弘 著

第一法規

はじめに

　印紙税においては、日常の取引等に伴って作成される様々な文書について、文書を作成した者が自ら課税される文書に該当するのか否かを判断し、さらに課税される文書に該当するとしたら印紙税額はいくらになるのかを判断して、相応の印紙を貼付して納付するという「自主納税方式」が採用されています。

　このため、事業活動や企業活動において契約文書などを作成する際には、印紙税についても意識しながら対応する必要がありますが、現場の担当者の知識不足などもあって、課否判断等適切に行われていない面があることも否めないところです。

　このようなこともあってか、税務調査において印紙税の不納付の指摘を受け、慌てて対応するといった場面が見受けられているところでもあります。

　印紙税の調査は、国税局又は税務署の調査官が担当し、①調査対象先の企業等が日常業務で作成している文書の把握、②把握した文書の課否判定、③課税文書と判定された文書に適正な金額の収入印紙が貼付されているか否かの確認が行われており、所得税や法人税の調査のように申告された所得金額が適正かどうかを確認するのとは異なった、専門的な調査手法を用いた調査が実施されています。

　国税庁の統計資料をみますと、平成28事務年度（28年7月1日〜29年6月30日）における過怠税の賦課件数は33,235件、過怠税額は3,294百万円となっており（国税庁ホームページの統計情報より）、印紙税についても相当数の税務調査が実施されていることが伺われます。

　そこで、本書では、印紙税に係る基本的な解説のほか、税務調査事例を題材として、税務調査官の視点といったものに焦点を当てながら、税務調査官から指摘された内容の基本的な考え方や、税務調査への対応において留意したい事項について解説しています。

はじめに

　また、顧問税理士は、税務調査を受けることとなった企業等から税務の専門家としての適切なアドバイスを求められることが多いことから、税理士としてできるアドバイスのポイントなども併せて解説することで、契約文書の作成などの場面はもとより税務調査への対応場面でも有効に活用できる内容となるよう工夫を施しています。

　本書が、税理士をはじめ印紙税の実務に携わる方々に、いささかなりとも参考になれば幸いと考えます。

平成30年9月

佐藤　明弘

目次 税務調査官の視点からつかむ 印紙税の実務と対策
顧問先に喜ばれる一歩踏み込んだアドバイス

はじめに

I 印紙税法の考え方と基本的な仕組み

第1 印紙税法の特色
1 印紙税の性格 …………………………………………2
2 課税物件限定列挙主義 …………………………………2
3 納税方法 …………………………………………………3
4 過怠税制度 ………………………………………………4

第2 課税範囲
1 課税文書の意義 …………………………………………6
2 課税文書に関する基本的事項 …………………………8
3 契約書に係る基本的事項 ………………………………12
4 課税文書の取扱い（主な課税文書の概要）…………19
5 非課税文書 ………………………………………………39
6 不課税文書 ………………………………………………39

第3 課税標準と税率
1 本則税率 …………………………………………………41
2 税率の軽減措置 …………………………………………43

第4 文書の所属の決定
1 単一の事項が記載されている文書 ……………………46

2　2以上の号の課税事項が併記又は混合記載されている文書 ……46
　3　2以上の号の課税事項を記載した文書の所属の決定 ……………47
第5　**記載金額**
　1　契約金額の意義 ……………………………………………………53
　2　記載金額についての具体的な取扱い ……………………………55
第6　**納税義務者と納税義務の成立**
　1　納税義務者 …………………………………………………………63
　2　共同作成者の連帯納税義務 ………………………………………63
　3　納税義務の成立 ……………………………………………………64
　4　課税文書の作成とみなす場合 ……………………………………66
第7　**納付手続と還付**
　1　印紙納税方式による場合 …………………………………………69
　2　申告納税方式による場合 …………………………………………70
　3　過誤納金の還付と充当 ……………………………………………70
第8　**納税地**
　1　印紙の貼り付けにより納付する文書 ……………………………72
　2　税印の押なつにより納付する文書 ………………………………72
　3　印紙税納付計器により納付する文書 ……………………………72
　4　申告納税方式によって納税する文書 ……………………………73
第9　**過怠税**
　1　過怠税制度の趣旨目的 ……………………………………………74
　2　過怠税の性格 ………………………………………………………74
　3　過怠税の賦課徴収 …………………………………………………75
　4　申告納税方式に対する過怠税の不適用 …………………………75

Ⅱ　税務調査官の視点からみる調査時のポイント

　1　印紙税調査の概要 …………………………………………………78

2 印紙税の税務調査権限 ……………………………………78
3 印紙税調査の体系 ……………………………………………79
4 印紙税調査の所掌部署 ……………………………………80
5 調査の事前通知等の手続 …………………………………81
6 印紙税調査の進め方 ………………………………………82
7 調査があった場合の事後是正の方法 ……………………83
8 印紙税と税理士業務 ………………………………………87

Ⅲ 税務調査で指摘される不納付事例と留意事項

1 契約書の課税事項の把握誤りによる不納付事例 …………94

▶事例1　車両賃貸借契約書 ……………………………………96
賃貸借契約書と表記されていても運送に関する契約書に該当する事例

▶事例2　不動産譲渡担保契約書 ……………………………102
譲渡担保契約書が課税文書に該当する事例

▶事例3　注文請書 ……………………………………………106
作成文書中で引用する他の文書に記載された事項が、作成文書の記載事項とされ課税文書となる事例

▶事例4　業務委託契約書（電子計算業務）………………110
成果物の納入に対して対価を支払う業務委託契約書が請負契約書とされる事例

▶事例5　物品供給契約書 ……………………………………114
発注者の仕様書等に基づく物品供給契約書が請負契約書となる事例

▶事例6　建物設計及び建築請負契約書 ……………………118
同一の号の課税事項に係る記載金額が併記された契約書の事例

▶事例7　不動産売買契約書（コピー文書）………………123
コピー文書に原本の写しであることを記載証明した場合に課税文書となる事例

▶事例8　業務委託契約書（通信販売受注業務）……………………126
継続的な売買に関する業務の委託契約書が課税文書に該当する事例

2 契約書上の契約金額（記載金額）の取扱い誤り、算出誤りによる不納付事例………………………………………………………………131

▶事例9　手形債務残高確認弁済契約書……………………………132
手形貸付けから証書貸付けに切り替えることで記載金額のある文書となる事例

▶事例10　変更契約書（保守業務内容の変更）……………………136
変更契約書の記載金額の特例の適用がない事例

▶事例11　変更契約書（月額契約料金の増額変更）………………143
契約期間の始期のみの記載のため、記載金額の計算ができないために継続的取引の基本となる契約書に該当する事例

▶事例12　産業廃棄物収集・運搬委託基本契約書…………………148
記載金額の計算ができないため継続的取引の基本契約書に該当する事例

3 契約書の所属決定ルールの認識不足による不納付事例……………153

▶事例13　運送取引基本契約書………………………………………154
最低料金の取決めがあり記載金額のある契約書となる事例

▶事例14　協定書（内航タンカー定期用船契約）…………………160
契約金額（記載金額）が明記されている基本契約書の所属決定の事例

4 「覚書」、「念書」、「証」、「確認書」などの表題の文書の不納付事例
　………………………………………………………………………165

▶事例15　覚書（清掃業務の委託）…………………………………166
基本契約書に基づく覚書文書が課税文書となる事例

▶事例16　協定書（宅地の売買契約）………………………………171

仮合意の時点で作成される文書も課税文書となる事例
▶事例 17　商談記録（メモ）……………………………………174
表題がメモとなっていても課税文書に該当する事例

5 「仮契約書」、「仮領収書」、「予約契約書」などの文書の不納付事例
……………………………………………………………………178
▶事例 18　仮工事請負契約書 ……………………………………179
停止条件付きの契約書が課税文書となる事例
▶事例 19　仮領収書 ………………………………………………184
仮の領収書であっても課税文書となる事例
▶事例 20　建物賃貸借予約契約書 ………………………………187
建物賃貸借契約の予約契約書が課税文書となる事例
▶事例 21　予約協定書 ……………………………………………193
将来の土地売買の合意時の予約協定文書が課税文書となる事例

6 「注文書」、「申込書」、「依頼書」などの文書の不納付事例 ……197
▶事例 22　不動産購入申込書 ……………………………………198
相手方の申込承諾条件を了承して提出する申込書
▶事例 23　建築申込書（申込者控え）……………………………203
申込書控えに相手方担当者の署名押印がある事例
▶事例 24　注文書（加工注文）……………………………………207
相手方の見積書に基づく注文書が契約書となる事例
▶事例 25　御見積書（副）…………………………………………211
見積書の副本が契約書となる事例

7 「変更契約書」、「補充契約書」などの文書の不納付事例 ………215
▶事例 26　請負契約変更契約書 …………………………………216
契約事項の一部変更契約書が課税文書となる事例

▶事例27　覚書（運送業務委託の補充契約）……………………220
　契約事項の一部補充契約が課税文書となる事例
▶事例28　売買契約上の地位承継覚書（基本契約上の買主たる地位の譲渡契約）………………………………………………………224
　契約上の地位の承継が契約の更改に当たり課税文書となる事例

8　「通知書」、「通知票」、「連絡書」などの文書の不納付事例 ……228
▶事例29　価格変更確認通知書（加工単価通知）………………229
　加工単価の変更通知書が契約書となる事例
▶事例30　ご旅行引受案内書（旅行条件書の引用）……………233
　引用文書の内容から判断して課税文書に該当する事例
▶事例31　社内住宅融資貸付決定通知書………………………238
　社内の貸付決定通知書が消費貸借契約書に該当する事例
▶事例32　業務内容通知書（受注内容の通知）…………………242
　受注内容の通知書が課税文書となる事例

9　「お買上票（レシート）」、「清算票」、「受取書」などの文書の不納付事例 ……………………………………………………245
▶事例33　お支払完了の御礼……………………………………247
　分割払金の支払完了を知らせる文書が金銭の受取書となる事例
▶事例34　領収書（敷金の領収）…………………………………250
　売上代金以外の金銭の受取でも売上代金の受取書となる事例
▶事例35　領収書（小切手による領収）…………………………254
　小切手発行番号の引用により受領金額が明らかとなる事例
▶事例36　受取書（立替金の領収）………………………………257
　立替金の受取書が売上代金の受取書となる事例
▶事例37　計算書（レシート）……………………………………260
　デビットカード取引による計算書（レシート）が金銭の受取書となる

事例

▶ 事例38　金銭消費貸借契約書（領収金額追記）……………………263
契約書の余白に元利金の領収を追記した文書が金銭の受取書となる事例

10 「通帳」、「判取帳」などの文書の不納付事例 …………………267
▶ 事例39　金銭受取通帳（販売代金の受取）…………………………268
販売代金の領収を連続して証明する帳簿が金銭受取通帳に該当する事例

▶ 事例40　顧客返金等伝票綴り（顧客の金銭受領証明）………………272
顧客への販売代金の返金伝票綴りが判取帳に該当する事例

11 各種伝票類の不納付事例 ………………………………………………277
▶ 事例41　発注伝票（ワンライティング伝票）………………………278
ワンライティングの受注伝票が契約書に該当する事例

▶ 事例42　貨物受取書（送り状控え）……………………………………282
貨物の受取書が契約書に該当する事例

巻末資料

印紙税法別表第一　課税物件表 ……………………………………290

著者紹介

凡　　例

1　主な法令等の略称

　本書では、本文中は原則として正式名称を用い、主に（　）内において根拠法令等を示す場合には略称を用いています。解説中に引用した主な略称は、以下のとおりです。

印　　法…印紙税法
印　　令…印紙税法施行令
通　　則…印紙税法別表第一「課税物件表の適用に関する通則」（※）
第1号文書…課税物件表の第1号に掲げる文書（※）
　　　　　　（第2号文書から第20号文書についても同じ）
印基通…印紙税法基本通達
措　　法…租税特別措置法
措　　令…租税特別措置法施行令
措　　通…租税特別措置法（間接諸税関係）の取扱いについて（平成11年
　　　　　6月25日課消4-24ほか）

　※印を付したものについては、本文中においても略称で表記している箇所があります。

2　内容現在

　本書は、平成30年8月1日現在において施行・適用されている法令通達等に基づいて執筆しています。

I

印紙税法の考え方と基本的な仕組み

2

第1 印紙税法の特色

1 印紙税の性格

　印紙税の課税対象となる文書は、基本的には金融取引、有価証券取引などを含む各種の経済取引若しくは権利の授与その他の行為（経済取引等）が行われた際に、その事実を明らかにするために作成される証書（契約書や領収書など）や帳簿類（通帳や判取帳など）に当たるもので、これら日常の経済取引等に伴い作成される様々な文書のうち、印紙税法で定める特定の文書です。

　印紙税は、課税文書の作成の背後に経済取引等による利益が存在するものと考え、また、文書を作成することに伴う取引当事者間の法律関係の安定化という面にも着目し、文書の作成行為の背後に税を負担する能力（「担税力」といいます。）を見いだして課税しようとするものです。そして、印紙税は直接的にはこれらの経済取引等に関して作成する文書を課税対象とする「文書税」ですが、間接的にはこれらの文書の背後にある経済取引等によって生ずる経済的利益に税源を求めようとするものですから、いわゆる流通税（権利や財産などの移転事実等に着目して課税する租税）の一種であるともいわれています。

　このように、印紙税は、各種の経済取引等に伴い作成される広範な文書に対して、軽度の負担を求めることにより、税体系において基幹税目を補完する重要な役割を果たしています。

2 課税物件限定列挙主義

　印紙税法は、経済取引等に伴い作成される文書のうち、不動産の譲渡に関する契約書、請負に関する契約書、手形や株券などの有価証券、保険証券、領収書、預貯金通帳など、担税力があると認められる特定の文書を20に分類・掲名した上、印紙税法別表第一「課税物件表」（以下「課税物

件表」といいます。）に具体的に掲名列挙された文書だけに課税することになっており、課税物件限定列挙主義を採っています（印法2条）。

　課税物件限定列挙主義の印紙税法では、「課税物件表」に具体的に掲名列挙された文書だけに課税することになっていますから、それ以外の文書は、どのような文書を作成しても課税されません（これを「不課税文書」といいます。）。

　また、印紙税の税率は、定額の税率（200円、400円、4,000円など）を基本としつつ、より担税力があると認められる特定の文書については、取引額に応じた階級定額税率を適用するとともに、特定の文書には免税点を設け、少額な取引に係る文書には課税しない仕組みとなっています。

　なお、課税物件表に掲げられている各号の文書の取扱いに関する共通のルールであり、最終的な税負担をいくらとするかを決定する重要なルール規定（文書の所属の決定ルールや、記載金額の決定ルールなどの規定）である、「課税物件表の適用に関する通則」（以下「通則」といいます。）が、印紙税法別表第一の前文に定められていますから、課税文書を作成した場合には、このルール規定に従って、最終的に納めるべき税額を決めていくことになります。

　この通則規定のほか、課税物件表に掲げられている各号の文書の取扱いについては、印紙税法基本通達で具体的な取扱いが定められています（次頁の「印紙税の課税物件に係る法令・通達の関連表」を参照）。

3　納税方法

(1) 印紙納税方式

　印紙税の納税義務は通常の場合、課税文書を作成したときに成立し、文書の作成者が納税義務者となります。

　その納税方法は、原則として、課税文書に所定の印紙を貼り付けて行うことになっています（印法8条）。

　なお、印紙の貼付けに代えて、税印押なつによる納付（印法9条）、印

紙税納付計器の使用による納付（印法10条）の特例が認められています。

(2) 申告納税方式

印紙納税方式に対して、銀行などの預貯金通帳など特定の文書については、印紙の貼り付けに代えて、定められた書式を表示し、納税義務者の申告によって納税義務を確定させ、金銭で納付する、いわゆる申告納税方式が認められています（印法11条、12条）。

4 過怠税制度

過怠税は、上記3(1)の印紙納税方式で納税する印紙税について、不納付の事実があった場合、又は貼り付けた印紙に所定の消印がされていなかった場合に課税されます。その性格は、不足税額の追徴と課税権の侵害に対する行政的制裁の二面を持っているといわれています（印法20条）。

〔参考〕印紙税の課税物件に係る法令・通達の関連表

区分	印紙税法	印紙税法施行令	印紙税法基本通達
課税文書	印法2条（課税物件） 印法別表第一（課税物件表） ○「課税物件表の適用に関する通則」 1 2 ｝（文書の所属の決定） 3 4 （記載金額の計算） 5 （契約書の意義）	〔印法別表第一「課税物件表」に関する規定〕 印令21条 ⇒第2号文書関係 印令22条〜25条の2 ⇒第3号文書〜第4号文書関係 印令26条 ⇒第7号文書関係 印令27条 ⇒第8号・第18号文書関係 印令27条の2 ⇒第10号文書関係 印令28条 ⇒第17号文書関係 印令29条、30条 ⇒第18号文書関係	〔印法第2条（課税物件）に関する通達規定〕 第2節 文書の意義等（印基通2条〜8条） 第3節 文書の所属の決定等（印基通9条〜11条） 第4節 契約書の取扱い（印基通12条〜22条） 第5節 記載金額（印基通23条〜35条） 第10節 その他の共通事項（印基通58条〜60条） 印基通別表第一「課税物件、課税標準及び税率の取扱い」 ⇒第1号文書〜第20号文書の個別取扱い

			印基通別表第二「重要な事項の一覧表」 ⇒第1号文書、第2号文書、第7号文書、第12号文書、第13号文書、第14号文書、第15号文書
納税義務者	印法3条（納税義務者）		第7節 作成者等（印基通42条～47条）
課税文書の作成時期等	印法4条（課税文書の作成とみなす場合等）		第6節 追記又は付け込みに係るみなし作成（印基通36条～41条）
非課税文書	印法5条（非課税文書） 印法別表第一（課税物件表）の「非課税物件」欄 印法別表第二（非課税法人の表） 印法別表第三（非課税文書の表） ※措法91条の2～92条 ※その他（個別法令による印紙税の非課税）	印令31条（非課税となる資金の貸付けに関する文書の範囲） ※措令52条～52条の3	第9節 非課税文書（印基通53条～57条）
納税地	印法6条（納税地）	印令4条（納税地）	第8節 納税地（印基通49条～52条）
課税標準及び税率	印法7条（課税標準及び税率） ※措法91条（不動産の譲渡契約書等に係る軽減税率）		印基通別表第一「課税物件、課税標準及び税率の取扱い」

第2 課税範囲

印紙税の課税物件は、特定の課税事項（課税物件表の「課税物件」欄に掲げる文書により証されるべき事項をいいます。以下同じです。）が記載されている文書です。

課税物件表では、まず課税対象となる文書を第1号から第20号までに分類し、①階級定額税率の適用対象となる文書（第1号から第4号まで、第17号）、②高額の定額税率の適用対象となる文書（第5号から第7号まで）、③一般の定額税率の適用対象となる文書（第8号から第16号まで）、④通帳と判取帳（第18号から第20号まで）というように、おおむね税率構造の異なるごとにグループ化して定められています。

なお、それぞれの号に当てはまる文書であっても、非課税とすることが適当であると認められるものについては、その範囲を課税物件表の「非課税物件」欄で具体的に定めています。

したがって、印紙税法の課税対象は課税物件表に定められた文書であって、非課税文書（印法5条）に該当しない文書が課税文書となります（印法3条1項）。

1 課税文書の意義

課税文書とは、次の3つの全てに当てはまる文書をいいます（印法4条）。

① 印紙税法別表第一（課税物件表）に掲げられている20種類の文書により証明されるべき事項（課税事項）が記載されていること。
② 当事者の間において課税事項を証明する目的で作成された文書であること。
③ 印紙税法第5条（非課税文書）の規定により印紙税を課税しないこととされている非課税文書でないこと。

このように、課税となる文書は課税物件表に掲げられた第1号文書から

第20号文書のいずれかに該当する文書をいいますが、課税物件表に掲げられた文書には、約束手形や社債券のように法令又は慣行により形式や内容がある程度定型化されているものと、契約書のように形式、内容ともに作成者の自由に任されているものがあります。

定型化された文書については、課税物件表に掲げられた文書の名称と現実に作成される文書の名称とがおおむね一致しますから、容易に課否を判断することができますが、定型化されていない文書については、課税物件表に掲げられた文書の名称と現実に作成される文書の名称とが必ずしも一致しないことから、「課税物件表に掲げられた文書」というだけではその範囲が明らかとはいえません。

そこで、課税事項が記載されていて、かつ、当事者間においてその課税事項を証明する目的で作成された文書を課税文書とすることとされています（印基通2条）。

すなわち、課税文書とは、当事者の間において課税事項を証明する効力を有する文書で、かつ、その課税事項を証明する目的で作成されたものをいいます。

したがって、当事者間において課税事項を証明する効果を有する文書であったとしても、その課税事項を証明する目的以外の目的で作成された文書は課税文書とはなりません。

〔課税事項を証明することにならない例〕

その1　「手形割引計算書」は手形割引を行う場合に、手形割引を行う者（金融機関等）が割引料、差引金額などを記載して手形を持ち込んだ者に交付するもので、その文書の記載内容から、手形及び割引料等の金銭の授受があったことが間接的に明らかとなりますが、あくまでも割引料等の計算明細を示すために作成・交付されるものであって、手形や割引料等の金銭の受取書として作成・交付するものではないので、手形割引を行う者（金融機関等）が金銭又は有価

証券の受取書（第17号の2文書）を作成したことにはなりません。

[その2]　預金払戻請求書は、銀行等にとって預金者が預金の払戻しを受けたこと、すなわち、預金者が金銭を受領したことを証明する効力を有する文書となりますが、預金者はその文書を預金の払戻しを請求する目的で作成したのであって、預金の払戻しを受けたこと（金銭を受領したこと）を証明する目的で作成したものではありませんから、預金者が金銭の受取書（第17号の2文書）を作成したことにはなりません。

[その3]　「注文書」はその注文書に記載されたとおりに契約が成立した場合には、契約の成立があったことを後で間接的に証明する効力を有する文書とはなりますが、「注文書」の作成目的は、注文者が注文する内容を記載して注文先（請負業者など）に発注するために作成するものであり、請負契約などが成立したことを証明する目的で作成したものではありませんから、請負に関する契約書（第2号文書）などを作成したことにはなりません。

2　課税文書に関する基本的事項

(1) 課税文書に該当するかどうかの判断

　課税文書に該当するかどうかの判断は、その文書に記載されている個々の内容に基づいて判断することとなります（印基通3条）。

　契約書のような文書は、その形式、内容とも作成者が自由に作成することができますから（契約自由の原則）、その内容は様々です。したがって、課税文書に該当するか否かの判断（課否判定）は、その文書の全体的な評価によって決するのではなく、その文書の内容として記載されている個々の事項の全てを検討の上で、その個々の事項の中に課税物件表に掲げる課税事項となるものが含まれていないかどうかを検証し、1つでも課税事項となるものが含まれていれば、その文書は課税文書となります（一滴主

義)。

　また、単に文書の名称や呼称、あるいは形式的な記載文言により判断するのではなく、その記載文言の実質的な意味合いを汲み取って判断する必要があります。

　この場合の実質的な判断は、その文書に記載又は表示されている文言、符号などを基礎として、その文言、符号などを用いることについての関係法律の規定、当事者間の了解、基本契約又は慣習などを加味して、総合的に行います。

〔実質判断の例〕
その1　文書に取引金額そのものの記載はないが、文書に記載されている単価、数量、記号等により、当事者間において取引金額が計算あるいは認識できる場合は、それを取引金額と判定することとなります。
その2　売掛金の請求書に「済」や「了」といった表示があり、その「済」や「了」の表示の意味合いについて、売掛金を領収したことの当事者間の了解がある場合は、その文書は、売上代金の受取書（第17号の1文書）に該当することになります。

(2) 他の文書を引用している文書の判断

　契約書のような文書には、その文書の内容を特定するために、他の文書を引用する場合があります。

　このような文書は、引用されている他の文書の内容がその文書に記載されているのと同様の効果があることから、課税文書に該当するかどうか、また、課税文書に該当して課税物件表の第何号の文書に所属が該当することになるのかを判断する場合には、引用されている他の文書内容は、その文書に記載されているものとして判断します。

　したがって、文書の内容に原契約書、約款、見積書その他その文書以外

の文書を引用する旨の文言の記載がある場合は、引用されている文書の内容がその文書の中に記載されているものとして、その文書の内容を判断します（印基通4条1項）。

〔他の文書を引用している文書の判断の例〕

その1 「○月○日付の『貸付条件のご案内書』のとおり借用いたします」と記載された借用書については、引用した「貸付条件のご案内書」に記載されている内容が、
① 金銭等の消費貸借を内容とするもの
⇒第1号の3文書（消費貸借に関する契約書）に該当
② 物品等の使用貸借又は賃貸借を内容とするもの
⇒不課税文書に該当

その2 「○月○日付の注文書のとおりお請けいたします」と記載された注文請書については、引用した「注文書」に記載されている内容が、
① 請負についてのもの
⇒第2号文書（請負に関する契約書）に該当
② 物品の売買についてのもの
⇒不課税文書に該当

なお、上記の考え方に例外として、「記載金額」と「契約期間」については、印紙税法が「当該文書に記載された金額」、「契約期間の記載のあるもの」というように、原則として、その文書に記載された金額及び契約期間をいうことを明らかにしていますので、たとえ引用されている他の文書の内容を取り入れると金額及び期間が明らかとなる場合であっても、その文書には記載金額及び契約期間の記載はないことになります（印基通4条2項）。

例えば、エレベーター保守契約における月額単価を取り決める覚書文書

において、「基本契約書に定める契約期間の月額単価は10万円とする」と記載されている場合に、基本契約書の内容を取り入れると「月額単価×契約期間月」により契約金額（記載金額）が算出できます（後述の「第5　記載金額」の2（4）、56頁参照）。

　ただ、「契約期間」そのものは覚書文書に記載されていませんから、この覚書文書においては契約金額（記載金額）が算出できませんので、請負に関する契約書（第2号文書）に該当せず、継続的取引の基本となる契約書（第7号文書）に所属が決定されることとなります（後述の「第4　文書の所属の決定」の3（2）、48頁参照）。

(注)　第1号文書（不動産の譲渡契約書等）、第2号文書（請負に関する契約書）及び第17号の1文書（売上代金に係る金銭又は有価証券の受取書）については、その文書に具体的な金額の記載がない場合であっても、通則4ホ(2)又は(3)の規定により、記載金額があることになる場合がありますので注意が必要です（後述の「第5　記載金額」の2（5）、（6）、56頁参照）。

(3) 一の文書の意義

　課税物件表の第1号から第17号までの証書等については1通を、第18号から第20号までの通帳等については1冊を課税単位としています。

　そして、通則2及び3において、これら1通の証書等又は1冊の通帳等を「一の文書」と総称することにしており、原則として「一の文書に対しては1個の課税」ということを定めています。

　この場合の一の文書とは、その形態からみて物理的に1個の文書と認められるものをいい、文書の記載証明の形式、紙数の単複は問いません。

　したがって、1枚の用紙に2以上の課税事項が各別に記載証明されているもの又は2枚以上の用紙が契印等により結合されているものは、それが同時に作成されるものである限り、その全体を一の文書として取り扱うことにしています。

　なお、1枚又は一綴りの用紙により作成された文書であっても、その文書に各別に記載証明されている部分を、作成後に切り離して行使又は保存

することを予定しているものについては、それぞれを各別の一の文書と取り扱います。

したがって、1冊又は一綴りの文書であっても、その各別に記載証明される部分の作成日時が異なる場合は、後から作成する部分については新たな課税文書を作成したものとみなされ、印紙税の対象となります（印法4条3項、印基通5条）。

(4) 仮契約書、仮領収書などの取扱い

後日、正式文書を作成することとしている場合において、一時的にこれに代わるものとして作成する仮契約書・仮領収書などの仮の文書であっても、その文書が課税事項を証明する目的で作成されたものであるときは、課税文書になります（印基通58条）。

3 契約書に係る基本的事項

(1) 契約書の意義

課税物件表には、第1号の1の不動産の譲渡に関する契約書、第1号の3の消費貸借に関する契約書、第2号の請負に関する契約書、第14号の金銭又は有価証券の寄託に関する契約書などのように「○○に関する契約書」という名称で掲げられているものが多くありますが、ここにいう契約書は、一般的にいわれるものよりかなり範囲が広く、そのため、通則5にその定義規定が置かれています。

すなわち、課税物件表に掲げられているこれらの「契約書」とは、契約証書、協定書、約定書その他名称のいかんを問わず、契約（その予約を含みます。以下同じ。）の成立若しくは更改又は契約の内容の変更若しくは補充の事実（以下「契約の成立等」といいます。）を証すべき文書をいい、念書、請書その他契約の当事者の一方のみが作成する文書又は契約の当事者の全部若しくは一部の署名を欠く文書で、当事者間の了解又は商慣習に基づき契約の成立等を証することになっているものも含まれます。

ここでいう「契約」とは、互いに対立する2個以上の意思表示の合致、

すなわち一方の申込みと他方の承諾によって成立する法律行為（印基通14条）ですから、契約書とは、その2個以上の意思表示の合致の事実を証明する目的で作成される文書をいうことになります。

したがって、通常、契約の申込みの事実を証明する目的で作成される申込書、注文書、依頼書などと表示された文書であっても、実質的にみて、その文書によって契約の成立等が証明されるものは、契約書に該当することになります。

また、「通知書」等と称する文書であっても、契約当時者間において、契約の成立等を証するために作成されるものは契約書に該当します。例えば、次の通知書等は契約書に該当します。
① 相手方の申込みに対して応諾することがその文書上明らかなもの
② 基本契約書等を引用していることにより、双方の合意に基づくものであることが明らかであるもの

なお、契約の消滅の事実を証明する目的で作成される文書は、印紙税法上の契約書には含まれず、課税の対象とはなりません（印基通12条）。

(2) 契約書の写しなどの取扱い

単なる控えとするための写し、副本、謄本等は、原則として課税文書にはなりませんが、写し、副本、謄本等であっても、契約当事者の双方又は相手方の署名押印があるもの、あるいは、正本等と相違ないこと、又は、写し、副本、謄本等であることの契約当事者の証明（正本等との割印があるものを含みます。）があるもの（文書の所持者のみが証明しているものは除かれます。）は、契約の成立を証明する目的で作成されたことが文書上明らかですから、課税文書になります（印基通19条2項）。

すなわち、印紙税は、契約が成立したという事実を課税対象とするのではなく、契約の成立を証明する目的で作成された文書を課税対象とするものですから、1つの契約について2通以上の文書が作成された場合であっても、その2通以上の文書がそれぞれ契約の成立を証明する目的で作成されたものであるならば、全て印紙税の課税対象になります。

つまり、契約当事者の一方が所持するものには正本又は原本と表示し、他方が所持するものには、写し、副本、謄本等という表示をしても、それが契約の成立を証明する目的で作成されたものであるならば、正本又は原本と同様に印紙税の課税対象になります。

(3) 仮契約書

印紙税は、文書を作成する都度課税される税金ですから、文書が作成される限り、たとえ1個の取引について数通の契約書が作成される場合でも、また、仮契約と本契約の2度にわたって契約書が作成される場合でも、それぞれの契約書に印紙税が課税されます。

したがって、後日、正式文書を作成することとなる場合に、一時的に作成する仮の文書であっても、その文書が課税事項を証明する目的で作成されるものであるときは、課税文書となります（印基通2条、58条）。

(4) 予約契約書

後日改めて本契約を締結することとしている場合に作成する予約契約書は、印紙税法上は、本契約と全く同一に取り扱われます（通則5）。

予約契約書は、協定書、念書、覚書、承諾書等様々な名称を用いて作成される場合が多くありますが、「予約」とは、将来本契約を成立させることを約する契約ですから、その成立させようとする本契約の内容によって課税文書の所属が決定されます（印基通15条）。

また、予約としての契約金額の記載がある場合には、その金額も印紙税法上の記載金額に該当することになります（印基通26条1号）。

(5) 申込書、注文書、依頼書等と表示された文書の取扱い

契約とは、申込みと承諾によって成立するものですから、契約の申込事実を記載した申込書、注文書、依頼書などは、通常、課税対象にはなりません。

しかし、たとえ、これらの表題を用いている文書であっても、その記載内容によっては、契約の成立等を証する文書、すなわち、契約書になるものがあります（印基通21条1項）。

契約の成立等を証する文書かどうかは、文書の記載文言等その文書上から客観的に判断するというのが印紙税の基本的な取扱いですから、申込書等と表示された文書が契約の成立等を証明する目的で作成されたものであるかどうかの判断も、基本的にその文書上から行うことになります（印基通2条、3条）。
　このような契約の成立等を証明する目的で作成される文書は当然に契約書に該当するのですが、実務上、申込書等と表示された文書が契約書に該当するかどうかの判断はなかなか困難なことから、一般的に契約書に該当するものを次のように例示しています（印基通21条2項）。
① 　契約当事者の間の基本契約書、規約又は約款等に基づく申込みであることが記載されていて、一方の申込みにより自動的に契約が成立することとなっている場合における当該申込書等（印基通21条2項1号）
　イ　この場合の約款等に基づく申込みであることが記載されているかどうかは、申込書等に、約款等に基づく申込みである旨の文言が明記されているもののほか、約款等の記号、番号等が記載されていること等により、実質的に約款等に基づく申込みであることが文書上明らかなものも含まれます。
　　　自動的に契約が成立するかどうかは、実態判断によります。すなわち、約款等で、例えば「申込書を提出した時に自動的に契約が成立するものとする」とされている場合は、その申込書を提出した時に自動的に契約が成立するのは明らかですし、「申込書提出後、当方が審査を行った上了解したものについて契約が成立するものとする」となっている場合は、その申込書を提出しても自動的に契約が成立するものとはいえません。しかし、約款等にそのような明文の記載がない場合は、事実上その申込みによって自動的に契約が成立するかどうかを判断することになるわけです。
　ロ　ただし、契約の相手方当事者が別に請書等契約の成立を証明する文書を作成することが記載されているものは除かれます。一方の申込み

により自動的に契約が成立する申込書等であっても、それに対して相手方当事者がさらに請書等を作成することとしているものは、契約書には当たらないこととされます。

ハ　なお、ロの取扱いがある場合であっても、申込書等の文書上に、さらに請書等を作成する旨が記載されていることが必要であり、請書等を作成する旨が記載されていないときは、申込書等も契約書として、また、請書等も契約書として課税されます（このことは、次の②の場合も同じです。）。

②　見積書その他の契約の相手方当事者の作成した文書等に基づく申込みであることが記載されている当該申込書等（印基通21条2項2号）

　　ただし、契約の相手方当事者が別に請書等契約の成立を証明する文書を作成することが記載されているものは除かれます。

　　この場合は、①の場合と違って、申込みにより自動的に契約が成立するかどうかは、契約書に該当することの要件にはなっていません。これは、契約の相手方当事者が作成する見積書等がいわば契約の申込みであり、これに基づく申込書等は、申込みに対する承諾文書となり、請書と同様の性格を有するからです。

③　契約当事者双方の署名又は押印があるもの（印基通21条2項3号）

　　当事者双方の署名又は押印があるものは、一般に契約当事者の意思の合致を証明する目的で作成されたものと認められますから、原則として契約書に該当します。

　　例えば、2部提出された申込書のうちの1部に署名又は押印して返却する申込書等がこれに該当します。

　　なお、申込書控等に署名又は押印して返却する場合であっても、その署名又は押印が意思の合致を証明する目的以外の目的でなされたことが明らかなもの（例えば文書の受付印と認められるもの）であれば契約書には該当しません。

　　ただ、例えば頭金、初回金などの受領の証として押印がなされる場合

は、契約の成立に伴って押印されているものといえますから、契約書に該当することになります。

(6) 契約当事者以外の者に提出する文書の取扱い

印紙税法は、作成した文書に対して課税するものですから、同一内容の文書を2通以上作成した場合において、それぞれの文書が契約の成立等を証するものである限り、契約当事者の所持するものと、契約当事者以外の者が所持するものとを問わず、原則として課税文書に該当することになります。

しかしながら、契約当事者以外の者に提出する文書であって、かつ、当該文書に提出先や交付先が明確に記載されているものについては、課税文書に該当しないものとして取り扱っています（印基通20条）。

「契約当事者以外の者」とは、その契約に直接関与せず利害関係を有しない、例えば、監督官庁や融資銀行のような者をいうことになります。

なお、契約当事者以外の者に提出する文書であっても、提出先が明記されていないものは、課税されることになり、また、「〇〇提出用」と契約当事者以外の者に提出されることが明記された文書であっても、例えば、監督官庁に提出しないで契約当事者が所持している場合や、当初、契約当事者間の証明目的で作成されたものが、たまたま結果的に契約当事者以外の者に提出された場合等は、課税の対象になりますので注意が必要です。

(注)「契約当事者」とは、その契約書において直接の当事者となっている者のみではなく、その契約の前提となる契約及びその契約に付随して行われる契約の当事者等、その契約に参加する者の全てを含みます。

例えば、不動産売買契約における仲介人、消費貸借契約における保証人は、契約に参加する当事者であることから、ここにいう契約当事者に含まれることになり、その所持する契約書は課税の対象になります。

なお、この例でいう仲介人や保証人は、売買契約などの直接の当事者ではないので、契約書の作成者には該当せず、納税義務はありません（この場合は、売主と買主、貸主と借主が契約書の作成者であり連帯納税義務者

(7) 変更、補充、更改契約書の取扱い

① 変更契約書

既に存在している契約（以下「原契約」といいます。）の内容を変更する契約書は、印紙税法上の契約書に含まれます（通則5）。

「契約の内容の変更」とは、原契約の同一性を失わせないで、その内容を変更することをいいます（印基通17条1項）。この場合において、原契約が文書化されていたか、単なる口頭契約であったかは問いません。

印紙税法は、契約上重要な事項を変更する変更契約書を課税対象とすることとし、その重要な事項の範囲は印紙税法基本通達の別表第二「重要な事項の一覧表」に定められていますが、ここに掲げられているものは例示事項であり、これらに密接に関連する事項や例示した事項と比較してこれと同等、若しくはそれ以上に契約上重要な事項を変更するものも課税対象になります。

変更契約書は、変更する事項がどの号に該当する重要な事項であるかにより文書の所属を決定することになるのですが、2以上の号の重要な事項が2以上併記又は混合記載されている場合とか、1つの重要な事項が同時に2以上の号に該当する場合には、それぞれの号に該当する文書として原契約書の所属の決定方法と同様に所属を決定することになります（この場合、原契約書が所属する号には拘束されず、変更契約書について、改めて所属する号を決定することとなります。）（印基通17条2項2号）。

② 補充契約書

原契約の内容を補充する契約書は、印紙税法上の契約書に含まれます（通則5）。

「契約の内容の補充」とは、原契約の内容として欠けている事項を補充することをいい、原契約が文書化されていたかどうかを問わないこ

と、契約上重要な事項を補充するものを課税対象とすること、補充する事項がどの号に該当する重要な事項であるかにより文書の所属を決定することは、変更契約書の場合と同じです（印基通18条）。

③ 更改契約書

契約を更改する契約書は、印紙税法上の契約書に含まれます（通則5）。

「更改」とは、既存の債務を消滅させて新たな債務を成立させることですから、その成立させる新たな債務の内容に従って課税文書の所属が決定されることになります（印基通16条）。

更改には、次のようなものがあります。

イ 債権者の交替による更改

　甲の乙に対する債権を消滅させて丙の乙に対する債権を新たに成立させる場合をいいます。

ロ 債務者の交替による更改

　甲の乙に対する債権を消滅させて甲の丙に対する債権を新たに成立させる場合をいいます。

ハ 目的の変更による更改

　金銭の支払債務を消滅させて土地を給付する債務を新たに成立させるような場合をいいます。

4　課税文書の取扱い（主な課税文書の概要）

印紙税法別表第一の課税物件表に掲げる文書のうち、日常の取引でよく出てくる文書であり、実務上その課否判定などで税務当局から間違いを指摘されやすい文書である第1号文書、第2号文書、第7号文書、第12号文書、第13号文書、第14号文書、第15号文書、第17号文書、第18号文書、第19号文書、第20号文書について、その概要を解説します。

(1) 第1号文書【不動産等の譲渡に関する契約書、地上権又は土地の賃借権の設定又は譲渡に関する契約書、消費貸借に関する契約書、運送に関する契約書】

① 不動産等の譲渡に関する契約書（第1号の1文書）

　不動産等をその同一性を保持させつつ他人に移転させることを内容とする契約書をいいます。

　その契約の原因には、売買、交換、代物弁済、現物出資、贈与等があります。

　ここでいう「不動産等」とは、次のものをいい、その取扱いの概要は以下のとおりです。

イ　不動産…土地及びその定着物をいい、このほか法律の規定により不動産とみなされるもののほか、鉄道財団、軌道財団及び自動車交通事業財団を含めることにしています（印法別表第一課税物件表第1号文書の定義欄、印基通別表第一第1号の1文書の1）。

　例えば、工場抵当法に規定する工場財団は、同法第14条において、「工場財団はこれを1個の不動産とみなす」と規定していますから、印紙税法上は、財団を組成するものの全体を1個の不動産として取り扱うことになります。

（例）土地売買契約書、建物売買契約書、土地交換契約書等

ロ　無体財産権…無体財産権という用語は、一般に物権及び債権を除いたところの財産権として用いられていますが、印紙税法では、特許権、実用新案権、商標権、意匠権、回路配置利用権、育成者権、商号及び著作権の8種類のものに限って無体財産権ということにしています（印法別表第一課税物件表第1号文書の定義欄）。

　なお、無体財産権の譲渡に関する契約書は、無体財産権そのものの権利を他人に譲渡する場合の契約書であり、無体財産権を利用できる権利（実施権又は使用権）を他人に与えたり、その与えられたところの無体財産権を利用できる権利をさらにそのまま第三者に譲渡したり

する場合の契約書は、これには当たりません。
ハ　船舶…「船舶」とは、船舶法（明治32年法律第46号）第5条に規定する船舶原簿に登録を要する総トン数20トン以上の船舶及びこれに類する外国籍の船舶をいい、その他の船舶は物品として取り扱われます（印基通別表第一第1号の1文書の19）。

　なお、櫓櫂のみをもって運転し又は主として櫓櫂をもって運転する舟には船舶法第5条の規定は適用されず、また、推進器を有しない浚渫船は船舶とみなされないこととされていることから、これらの船は総トン数が20トン以上であっても物品として取り扱うことになります。

ニ　航空機…「航空機」とは、人が乗って航空の用に供することができる飛行機、回転翼航空機、滑空機及び飛行船その他政令で定める航空の用に供することができる機器をいいます。

　したがって、ヘリコプターの譲渡も当然航空機の譲渡に含まれます。

　なお、航空法では、航空機は航空機登録原簿に登録することとされていますが、この登録がなされているかどうかは印紙税の取扱い上全く関係ありません（印基通別表第一第1号の1文書の21）。

ホ　営業…営業という語は2つの意味に用いられます。1つは継続的、集団的に同種の営利行為を行うこと、すなわち営業活動を意味し（主観的な意味の営業）、もう1つは特定の目的に供される総括的な財産的組織体、すなわち企業組織体を意味します（客観的な意味の営業）。ここにいう営業は後者であり、課税物件表第17号の非課税物件欄に規定する営業は前者です。

　営業の譲渡の場合の営業とは、このような財産的組織体、いわゆる営業活動を構成している動産、不動産、債権、債務等を包括した一体的な権利、財産としてとらえられるものをいいますので、営業活動における一部門であっても、財産的組織体として譲渡する限りにおいて

は、営業の譲渡に含まれます（印基通別表第一第1号の1文書の22）。

② **地上権又は土地の賃借権の設定又は譲渡に関する契約書（第1号の2文書）**

　地上権（建物等の工作物又は竹木を所有するため、他人の土地を使用収益する権利）又は土地の賃借権（賃貸借契約に基づいて賃借人が土地を使用収益できる権利）を設定し、又は譲渡することを内容とする契約書をいいます。

（例）地上権設定契約書、土地賃貸借契約書等

　地上権は、工作物又は竹木を所有するため他人の土地（地下又は空間を含みます。）を使用収益することを目的とした用益物権で、民法第265条《地上権の内容》に規定されています（印基通別表第一第1号の2文書の1）。地上権は、直接、土地に対して権利を持つものとされ、地主の承諾なく譲渡、転貸ができるとされています。

　土地の賃借権は、民法第601条《賃貸借》に規定する賃貸借契約に基づき賃借人が土地（地下又は空間を含みます。）を使用収益できる権利をいいます。したがって、借地借家法第2条に規定する借地権に限らず、土地の一時使用権も含みます（印基通別表第一第1号の2文書の2）。

　なお、使用貸借権は、ある物を賃料を支払わないで使用収益できる権利です。すなわち、土地の賃借権と使用貸借権との区分は、土地を使用収益することについて対価を支払うものかどうかで決まりますので、土地の使用貸借権の設定又は譲渡に関する契約書は第1号の2文書（土地の賃借権の設定又は譲渡に関する契約書）にはなりません（印基通別表第一第1号の2文書の3）。

　我が国の土地の使用関係は、賃借（使用貸借）権契約に基づくものがほとんどで地上権の設定契約に基づくものはごくわずかであるといわれています。このことから、地上権であるか賃借（使用貸借）権であるか

が不明の場合は、賃借（使用貸借）権とみるのがより合理的と認められますので、地上権であるか土地の賃借権であるかが判明しないものは、土地の賃借権又は使用貸借権として取り扱われます。

③　消費貸借に関する契約書（第1号の3文書）

　借主が貸主から金銭その他の代替物を受け取り、その所有権を取得した後に、これと同種、同等、同量の物を返還することを内容とする契約書をいいます。

（例）金銭消費貸借契約書、借用証書、限度（極度）貸付契約書等

　消費貸借とは、当事者の一方（借主）が相手方（貸主）から金銭その他の代替性のある物を受け取り、これと同種、同等、同量の物を返還する契約で、これは民法第587条《消費貸借》に規定されています（印基通別表第一第1号の3文書の1）。

　消費貸借契約は、賃貸借及び使用貸借が貸借の目的物自体を返還するのと異なり、借主が目的物の所有権を取得しそれを消費した後に他の同価値の物を返還する点に特色があります。このように、消費貸借の対象物は金銭に限られるものではなく、物品であっても消費貸借の目的とすることができます。

　また、消費貸借には、民法第588条《準消費貸借》に規定する準消費貸借を含みます。準消費貸借契約とは、金銭その他の代替物を給付する義務を負う者がある場合に、当事者がその物をもって消費貸借の目的とすることを約する契約をいいます。例えば、売買代金を借金に改めるようなものや、既存の消費貸借上の債務をもって新たな消費貸借の目的とする場合も準消費貸借契約になります。

〔参考〕建物賃貸借契約における保証金又は建設協力金等の取扱い

　　保証金又は建設協力金等として一定の金銭を受領した場合に、建物の賃貸借契約期間などに関係なく、一定期間据置き後に返還することを約しているものは、基本の契約（不課税となる建物の賃貸借契約）に吸収されるものとはならず、消費貸借に関する契約書（第1号の3

文書）の課税事項に該当するものとして取り扱われます（印基通別表第一第1号の3文書の7）。

④ 運送に関する契約書（第1号の4文書）

　運送人が貨物又は旅客の場所的移動を約し、委託者（運送依頼人）がこれに対して報酬（運賃）を支払うことを内容とする契約書をいいます。

（例）貨物輸送契約書、バス貸切り契約書、貨物運送引受書等

　「運送」とは、当事者の一方（運送人）が、物品又は人の場所的な移動を約し、相手（依頼人）がこれに報酬（運送賃）を支払うことを約する契約ですから、それが営業として行われるものだけでなく、たまたま行われるものでも運送となります。

　したがって、簡単な文書であっても運送の内容について記載され、これを証明するためのものであれば第1号の4文書（運送に関する契約書）に該当することになります。

　なお、第1号の4文書（運送に関する契約書）には用船契約書を含むこととされています（印法別表第一課税物件表第1号文書の物件名欄）が、「用船契約」とは、船舶又は航空機の全部又は一部を貸し切り、これに積載した物品等を運送することを約する契約をいいますが、これには次の方法があり、いずれも用船契約に当たります（印基通別表第一第1号の4文書の4）。

イ　船舶又は航空機の占有がその所有者等に属し、所有者等自ら当該船舶又は航空機を運送の用に使用するもの

ロ　船長又は機長その他の乗組員等の選任又は航海等の費用の負担が所有者等に属するもの

〔参考〕「運送状」などの取扱い

　運送に関する契約書に含めないこととしている運送状（印法別表第一課税物件表の第1号の4文書の定義欄参照）とは、荷送人が運送人の請求に応じて交付する書面で、運送品とともにその到達地に送付さ

れ、荷受人が運送品の同一性を検査し、また、着払運賃などその負担する義務の範囲を知るために利用される文書で、一般に「送り状」とも呼ばれているものです。

　したがって、その文書の表題が「運送状」、「送り状」などと称する文書であっても、運送品とともに、その到達地に送付されることなく、運送契約の成立を証明するために荷送人に交付されるものは運送状には該当せず、第1号の4文書（運送に関する契約書）として取り扱われることになります（印基通別表第一第1号の4文書の2）。

(2) 第2号文書【請負に関する契約書】

当事者の一方（請負人）がある仕事の完成を約し、相手方（注文者）がその仕事の結果に対して報酬の支払いを約することを内容とする契約書をいいます。

（例）工事請負契約書、工事注文請書、物品加工注文請書、広告契約書等、エレベーター保守、機械等の据付・修理、コンピュータソフトの開発、洋服の仕立て、音楽の演奏、宿泊、結婚披露宴の引受けなど

　「請負」とは、当事者の一方（請負者）がある仕事の完成を約し、相手方（注文者）がその仕事の結果に対して報酬を支払うことを内容とする契約をいい、民法第632条《請負》に規定する「請負」のことをいいます（印基通別表第一第2号文書の1）。

　この「請負」は、完成された仕事の結果を目的とする点に特質があり、仕事が完成されるならば、下請負に出してもよく、その仕事を完成させなければ、債務不履行責任を負うような契約です。

　民法では、典型契約として請負契約を規定していますが、実際の取引においては各種変形したいわゆる「混合契約」といわれるものが多く、印紙税法上どの契約としてとらえるべきものであるか判定の困難なものが多く見受けられるところです。印紙税法では、通則2において、一の文書で1若しくは2以上の号に掲げる事項とその他の事項が併記又は混合記載されているものは、それぞれの号に該当する文書になる旨規定されていますの

で、記載事項の一部であっても請負の事項が記載されている契約書や、他の契約事項とともに請負事項が併記された契約書又は請負事項とその他の事項が混然一体として記載された契約書は、いずれも印紙税法上の第2号文書（請負に関する契約書）に該当することになります。

請負の目的物には、家屋の建築、道路の建設、橋りょうの架設、洋服の仕立て、船舶の建造、車両及び機械の製作、機械の修理のような有形なもののほか、シナリオの作成、音楽の演奏、舞台への出演、講演、機械の保守、建物の清掃のような無形のものも含まれます。

① **請負と委任の区分判定基準**

請負とは仕事の完成と報酬の支払とが対価関係にあることが必要ですから、仕事の完成の有無にかかわらず報酬が支払われるものは請負契約にはならないものが多く、また、報酬が全く支払われないようなものは請負には該当しません（おおむね委任に該当します。）。

〔請負と委任の区分判定のポイント〕

ある契約が請負、委任のどちらの契約に該当するのか、判断に迷う場合が多いのですが、おおむね次のような基準により区分判定がなされています。

・請負…仕事の完成が目的で、仕事の完成（成果物等）に対して対価が支払われるもの。成果物（報告書など）を検収の上これに対して報酬を支払うものなど仕事の完成が目的とされ、受託者に仕事の完成に至るまでの危険負担が課せられているものなどが、請負と判定されます。

・委任…他人の専門的知識（経験、知識、才能など）を信頼して、一定の目的に従って何らかの事務の処理を依頼するもの（事務を処理すること自体が目的で、必ずしも仕事の完成を目的とせず、結果よりも事務処理の内容に期待するもの）。委任契約の例としては工事監理、コンサルタント、諸種の調査・研究、経営指導、診療嘱託の引受けなどがあります。

② 請負と売買の判断基準

　請負契約の場合で記載金額がある場合は階級定額税率が適用される第2号文書（請負に関する契約書）となり、記載金額のない場合には継続する取引に係るものは、第7号文書（継続的取引の基本となる契約書）に該当してきます（通則3イ）。

　一方で、物品の売買契約の場合になると、継続する売買契約で第7号文書になるものを除き、原則として不課税文書になります。

　大型機械の売買などでは、据付工事や組立てを伴う場合、注文に基づき自己の材料で物品を製作して引き渡す場合（いわゆる製作物供給契約）などがありますが、課税文書である請負契約となるのか、不課税文書である物品の譲渡契約となるのか、疑義が生ずるところです。

　物品などの移転が請負契約によるものなのか、売買契約によるものなのかによって、印紙税の負担に差が生じてきますので、この判断も重要となってきます。

　そこで、契約当事者の意思が、仕事の完成に重きをおいているか、物の所有権移転に重きをおいているかによって判断することを基本としています。

　しかし、具体的な取引においては、必ずしもその判別が明確なものばかりとはいえません。したがって、印紙税法の取扱いでは、その判別が困難な場合には、次のような基準で判断することにしています（印基通別表第一第2号文書の2）。

〔請負と売買の判断基準のポイント〕

1　請負契約に該当すると認められるもの

内　　容	請負の事例
注文者の指示に基づき一定の仕様又は規格等に従い、製作者の労務によって工作物を建設することを内容とするもの	・家屋の建築 ・道路の建設 ・橋りょうの架設
注文者が材料の全部又は主要部分を提供（有償、無償を問わない。）し、製作者がこれによって一定物	・生地提供の洋服の仕立て ・材料支給による物品の製作

内　　容	
品を製作することを内容としたもの	
製作者の材料を用いて注文者の設計又は指示した規格等に従い一定物品を製作することを内容とするもの	・船舶、車両、機械、家具等の製作 ・洋服等の仕立て
一定物品を一定の場所に取り付けることによって所有権を移転することを内容とするもの	・大型機械の取付け
修理又は加工を内容とするもの	・建築、機械の修繕、塗装、物品の加工

2　売買契約に該当すると認められるもの

内　　容	売買の事例
一定物品を一定の場所に取り付けることによって所有権を移転することを内容とするものであるが、取付行為が簡単であって、特別の技術を要しないもの	・テレビを購入した時のアンテナの取付けや配線（物品の譲渡に関する契約書）
製作者が工作物をあらかじめ一定の規格で統一し、これにそれぞれの価格を付して注文を受け、当該規格に従い、工作物を製作し、供給することを内容とするもの	・建売住宅の供給（不動産の譲渡契約書）
あらかじめ一定の規格で統一された物品を、注文に応じ製作者の材料を用いて製作し、供給することを内容とするもの	・カタログ又は見本による機械、家具等の製作（物品の譲渡に関する契約書）

(3) 第7号文書【継続的取引の基本となる契約書】

　特約店契約書、代理店契約書、業務委託契約書、銀行取引約定書、信用取引口座設定約諾書、保険特約書その他の契約書で、特定の相手方との間で継続的に生ずる取引に適用する基本的な取引条件を定めたもので、印紙税法施行令第26条第1号から第5号に定める要件を満たすものをいいます。

　なお、契約期間の記載のあるもののうち、その契約期間が3か月以内であり、かつ、更新に関する定めのないものを除くこととします（印法別表第一課税物件表第7号文書の物件名欄）。

① 印紙税法施行令第26条第1号の契約書の場合

　　特約店契約書その他名称のいかんを問わず、次の要件を全て満たすも

のが該当します。
イ 営業者の間における契約であること。
ロ 売買、売買の委託、運送、運送取扱又は請負のいずれかの取引に関する契約であること。
ハ 2以上の取引を継続して行うための契約であること。
ニ 2以上の取引に共通して適用される取引条件のうち目的物の種類、取扱数量、単価、対価の支払方法、債務不履行の場合の損害賠償の方法又は再販売価格のうち1以上の事項を定める契約であること。
ホ 電気又はガスの供給に関する契約ではないこと。
(例) 工事請負基本契約書、エレベーター保守契約書、清掃請負契約書等

② 印紙税法施行令第26条第2号の契約書の場合

　印紙税法施行令第26条第2号には、「代理店契約書、業務委託契約書その他名称のいかんを問わず、売買に関する業務、金融機関の業務、保険募集の業務又は株式の発行若しくは名義書換えの事務を継続して委託するために作成される契約書で、委託される業務又は事務の範囲又は対価の支払方法を定めるもの」と規定されています。

　したがって、印紙税法施行令第26条第2号に該当して第7号文書（継続的取引の基本となる契約書）になるものは、次に掲げる2つの要件を満たすものでなければなりません。

イ 売買に関する業務、金融機関の業務、保険募集の業務又は株式の発行若しくは名義書換えの事務を委託するために作成される契約書であること。

　なお、「売買に関する業務の委託」とは、売買に関する業務の全部又は一部を包括的に委託することをいいますので、特定の物品等の販売又は購入を委託する「売買の委託」（印令26条1号）とは区別して考えなければなりません（印基通別表第一第7号文書の7）。

　具体的には、販売施設を所有している者が、その販売施設での販売

業務を委託する場合、販売店の経営そのものを委託した場合、さらには業務の一部である集金業務、仕入業務、在庫管理業務等を委託した場合等がこれに含まれることになります。

ロ　継続して委託される業務又は事務の範囲又は対価の支払方法を定めるものであること。

（例）販売代理店契約書、食堂経営委託契約書、金融業務委託契約書、保険代理店契約書等

（注）印紙税法施行令第26条第2号の文書は第1号の文書と違って、「営業者間」における契約でなくても課税対象となります。

(4) 第12号文書【信託行為に関する契約書】

信託法に基づき、他人（受託者）に一定の財産権を移転し、一定の目的に従って財産の管理又は処分をさせることを内容とする信託契約について、その契約の成立等を証する契約書をいいます。

（例）金銭信託証書、財産形成信託取引証等

(5) 第13号文書【債務の保証に関する契約書】

主たる債務者がその債務を履行しない場合に、債務者の保証人がこれを履行することを債権者に対して約する契約書をいいます（印基通別表第一第13号文書の1）。

（例）債務保証契約書、住宅ローン・消費者ローンの保証契約書等

なお、主たる債務の契約書に併記するもの（例えば、金銭消費貸借契約書に保証人が債務の保証をする旨の署名をしたもの）は課税文書から除かれます（印法別表第一課税物件表第13号文書の物件名欄、印基通別表第一第13号文書の3）。

例えば、金銭の借入申込書は、単なる申込みであり課税事項には当たりませんから主たる債務の契約書には該当しません（課税文書にも該当しません。）。

ただし、この申込書に保証人が署名・押印して、金銭の貸主に提出する場合には、その債務の保証の部分は、主たる債務の契約書に併記した債務

の保証に関する事項とはならず、「債務の保証に関する契約書」として課税文書となりますから、留意が必要です。

(6) 第14号文書【金銭又は有価証券の寄託に関する契約書】

当事者の一方（受寄者）が相手方（寄託者）のために物（受寄物）を保管することを約する契約（寄託契約）の成立等の事実を証する契約書で、受寄物が金銭又は有価証券であるものをいいます。

(例) (金銭) 保護預り証書、(金銭) 預り証、株券預り証等

寄託契約については、民法第657条《寄託》以下に定められているところですが、同法第666条《消費寄託》に定める消費寄託もこれに含めることにしています（印基通別表第一第14号文書の1）。

「消費寄託契約」とは、受寄者が受寄物を消費することができ、これと同種、同等、同量の物を返還すればよい寄託で、銀行預金はその代表的なものです。

金銭又は有価証券の寄託を課税することにしていますので、物品の寄託契約については課税されません。

なお、消費寄託証書のうち免責証券たる預貯金証書については、第8号文書として課税文書となります。

また、金銭又は有価証券の受領事実のみを証する証書は、第17号文書に該当します。

(7) 第15号文書【債権譲渡又は債務引受けに関する契約書】

① 債権譲渡に関する契約書

旧債権者と新債権者との間において、債権をその同一性を失わせないで旧債権者から新債権者に移転することを内容とする契約書をいいます（印基通別表第一第15号文書の1）。

(例) 債権譲渡契約書等

「債権」とは、他人をして将来財貨又は労務を給付させることを目的とする権利をいいます。

② 債務引受けに関する契約書

　債務をその同一性を失わせないで旧債務者から新債務者（債務引受人）に移転することを内容とする契約書で、債権者と引受人及び債務者との三者間、又は債権者と引受人との間で作成されるものをいいます（印基通別表第一第15号文書の2及び3）。

（例）債務引受契約書、債務履行引受契約書等

　債務引受けには、免責的債務引受けと重畳的債務引受けとがあり、いずれも債務引受けに含まれます（印基通別表第一第15号文書の2）。

・免責的債務引受け…債務者は債務を免れて、引受人が新債務者としてこれに代わって同一内容の債務を負担することをいいます。

・重畳的債務引受け…引受人は新たに同一内容の債務を負担するが、債務者も依然として債務を負担し、債務者と引受人が連帯債務関係に入ることをいいます。

(8) 第17号文書【金銭又は有価証券の受取書】

　「金銭又は有価証券の受取書」とは、金銭又は有価証券の引渡しを受けた者がその受領事実を証明するために作成し、その引渡者に交付する単なる証拠証書をいいます。

　つまり、金銭又は有価証券の受領事実を証明する全ての文書をいい、債権者が作成する債務の弁済事実を証明する文書に限らないのです。

　ですから、「領収書」、「受取書」と記載された文書はもちろんのこと「仮領収書」や「レシート」と称されるものや、受取事実を証明するために「代済」、「相済」、「了」、「領収」等と記載された「お買上票」、「納品書」、「請求書」等も第17号文書（金銭又は有価証券の受取書）に該当します（印基通別表第一第17号文書の1及び2）。

　そして、文書の表題、形式がどのようなものであっても、その作成目的が金銭又は有価証券の受取事実を証明するものであるものは、金銭又は有価証券の受取書に該当します。

　なお、課税対象となる受取書は、金銭又は有価証券の受取書に限られて

いますので、物品の受取書などは課税文書にはなりません。

　また、受取金額が5万円未満（平成26年3月31日以前は、3万円未満）のものや、営業に関しないもの（例えば、サラリーマンや公益法人が作成する受取書）等は非課税となります。

① 営業に関しない受取書（作成者別）

　　金銭又は有価証券の受取書のうち営業に関しないものは、第17号文書の非課税物件欄2において非課税とされていますが、具体的には、商法上の「商人」に当たらないと解されている次の者が作成する受取書をいいます。

受取書の作成者	内　　　容
個人が私的財産を譲渡したとき等に作成する受取書	営業とは、利益を得る目的で同種の行為を反復継続すること、つまり継続的な営利活動をいいますので、個人がたまたま私的財産を譲渡したとき等に作成する受取書は非課税となります。
公益法人の作成する受取書	公益法人は、たとえ収益事業を行う場合であっても、収益事業で得た利益を公益以外の目的で使用することが認められていませんので、商人としての性格を持たず、公益法人名義で作成する受取書は全て非課税となります（印基通別表第一第17号文書の22）。
公益等を目的とする人格のない社団の作成する受取書	公益及び会員相互間の親睦等の非営利事業を目的とする人格のない社団が作成する受取書は非課税となります（印基通別表第一第17号文書の23）。 （注）公益及び会員相互間の親睦等の非営利事業を目的としないその他の人格のない社団が、収益事業に関して作成する受取書は課税の対象となります。
農業従事者等が作成する受取書	一般に営業に当たらないと解されている店舗その他これらに類する設備を有しない農業、林業又は漁業に従事する者が、自己の生産物の販売に関して作成する受取書は非課税となります（印基通別表第一第17号文書の24）。
医師、弁護士等の作成する受取書	一般に営業に当たらないと解されている自由職業者が、その業務に関して作成する受取書は非課税となります（印基通別表第一第17号文書の25及び26）。
会社以外の法人で、利益金	営利法人以外の法人で特別法により法人になることが認

又は剰余金の配当又は分配のできない法人が作成する受取書	められた法人のうち、利益金又は剰余金の配当又は分配のできない、法人労働組合、商品取引所等の作成する受取書は非課税となります。
会社以外の法人で、利益金又は剰余金の配当又は分配のできる法人がその出資者との間で作成する受取書	法令の規定、定款の定めにより利益金又は剰余金の配当又は分配のできる法人が、その出資者に対して行う事業に係る受取書は非課税となります（印法別表第一課税物件表第17号文書の非課税物件欄2）。

（注） 会社以外の法人で、利益金又は剰余金の配当又は分配のできる法人については、印紙税法基本通達別表第一第17号文書の21を参照してください。

② 売上代金とは

　印紙税法に規定する「売上代金」とは、資産を譲渡し若しくは使用させること又は役務を提供すること（以下「資産の譲渡等」といいます。）による対価をいいます。

　売上代金に該当するか、しないかのポイントは、売上代金は資産の譲渡等の対価をいうのですから「対価性」を有するか、有しないかによってその判定を行うということです。

　一般に「対価」というのは、何らかの給付があって、これに対する反対給付の価格ということですから、おおよそ、その契約体系は有償、双務契約ということができます。

　そこで、印紙税法に規定する「売上代金」についてまとめると、次のようになります（印法別表第一課税物件表第17号文書の定義欄）。

　イ　資産を譲渡することの対価

　　資産は、有形、無形を問いませんから、商品、備品等の流動資産、固定資産、無体財産権その他の資産を譲渡する場合の対価がこれに該当します。

　（例） 1　商品の売上代金（売掛金の回収を含みます。）

　　　　 2　資産の売却代金（未収金の回収を含みます。）

　　　　 3　手形割引の代金（手形の割引は、手形という有価証券を他人に譲渡し、対価として金銭等を受領するので、有価証券の売買に該当します。）

　　　　4　無体財産権の譲渡代金（特許権、実用新案権、商標権等）

　　　　5　債権の譲渡代金（電話加入権、売掛金等）

　ロ　資産を使用させることの対価

　　不動産、動産、無体財産権その他の権利を他人に使用させることの対価をいいます。

　　（例）1　土地、建物等不動産の賃貸料

　　　　2　建設機械、自動車、事務機器等のリース料

　　　　3　貸付金の利息

　　　　4　貸倉庫料、貸金庫使用料

　　　　5　特許権等の無体財産権の使用料

　　　　6　土地や建物の賃貸契約に伴う権利金

　ハ　役務を提供することの対価

　　請負契約、運送契約、委任契約、寄託契約などのように、労務、便益、その他のサービスを提供することの対価をいいます。

　　（例）1　請負契約の対価（工事請負代金、修繕費、宿泊料、出演料、広告料等）

　　　　2　運送契約の対価（運送料等）

　　　　3　委任契約の対価（委任報酬、情報の提供料等）

　　　　4　寄託契約の対価（保管料等）

　　　　5　その他（仲介料、技術援助料等）

　ニ　また、㋑受託者が委託者に代わって売上代金を受領する場合の受取書、㋺㋑の委託者が㋑の受託者から売上代金を受領する場合の受取書、㋩受託者が委託者に代わって支払う売上代金を委託者から受領する場合の受取書は、いずれも売上代金に係る金銭の受取書（第17号の1文書）に該当するとされています（印法別表第一課税物件表第17号文書の定義欄1ロ、ハ、ニ）。

③　売上代金の領収書となるもの

　次のような受取書は、売上代金の受取書（第17号の1文書）として

取り扱われることになり、記載金額に応じた階級定額税率が適用されます（印法別表第一課税物件表第17号文書の定義欄1イ）。
　イ　受取金額の一部に売上代金を含む受取書
　　　なお、記載金額は次のとおりとなります。
　　(イ)　受取書の記載金額を売上代金に係る金額とその他の金額とに区分することができるものは、売上代金に係る金額がその受取書の記載金額になります（通則4ハ(1)）。
　　(ロ)　受取書の記載金額が売上代金に係る金額とその他の金額とに区分することができないものは、その受取金額全額が受取書の記載金額になります（通則4ハ(2)）。
　　(ハ)　上記(ロ)の場合で、その他の金額の一部だけ明らかな場合は、その明らかな金額を除いた金額が、その受取書の記載金額になります（通則4ハ(2)）。
　ロ　受取代金の内容が明らかにされていない受取書
　　　受取金額の全部又は一部が売上代金であるかどうかが、受取書の記載事項から明らかにされていない受取書は、売上代金に係る受取書とみなされます（印法別表第一課税物件表第17号文書の定義欄1イ）。
　　(注)　売上代金以外の受取書であるという事実が他の書類等により証明できる場合であっても、その受取書に記載された内容によって、売上代金以外の受取であることが明らかにならなければ、売上代金の受取書として課税されます。

(9) 第18号文書【預貯金通帳、信託行為に関する通帳、銀行若しくは無尽会社の作成する掛金通帳、生命保険会社の作成する保険料通帳又は生命共済の掛金通帳】

① 預貯金通帳
　　法令の規定による金融機関等が、預金又は貯金の受入れ及び払出しの事実を連続して付け込んで証明するために作成する通帳をいいます（印基通別表第一第18号文書の1）。

② 信託行為に関する通帳

　信託会社が、信託契約者との間における継続的な財産の信託関係を連続的に付け込んで証明するために作成する通帳をいいます（印基通別表第一第18号文書の8）。

③ 銀行若しくは無尽会社の作成する掛金通帳

　銀行又は無尽会社が、相互掛金契約に基づく掛金の支払金の受領の事実を連続的に付け込んで証明するために作成する通帳をいいます（印基通別表第一第18号文書の9）。

④ 生命保険会社の作成する保険料通帳

　生命保険会社が、生命保険契約者から受け取る保険料の受領事実を連続的に付け込んで証明するために作成する通帳をいいます（印基通別表第一第18号文書の11）。

⑤ 生命共済の掛金通帳

　生命共済（人の死亡又は生存を共済事故とするもの及びこれらに併せて人の廃疾若しくは傷害等を共済事故とする共済制度）の掛金の受領事実を連続的に付け込んで証明するために作成する通帳をいいます（印基通別表第一第18号文書の12）。

(10) 第19号文書【第1号、第2号、第14号又は第17号に掲げる文書により証されるべき事項を付け込んで証明する目的をもって作成する通帳（前号に掲げる通帳を除く。）】

　この号の「通帳」とは、継続して各種の取引を行う当事者の一方の者（通帳作成者で納税義務者）から取引の相手方に交付しておき、その取引内容を連続的に付け込み証明する目的で作成する帳簿をいいます。

① 第1号に掲げる文書により証されるべき事項、すなわち、不動産等の譲渡、消費貸借、運送等の取引関係を連続的に付け込んで証明するために作成する通帳

　（例）貸付金受取通帳（利率、返済期限等の記載のあるもの）、運送貨物引受通帳等

② 第2号に掲げる文書により証されるべき事項、すなわち、請負に関する取引内容を連続的に付け込んで証明するために作成する通帳
（例）加工依頼通帳等

③ 第14号文書により証されるべき事項、すなわち、金銭又は有価証券の寄託に関する取引内容を連続的に付け込んで証明するために作成する通帳
（例）株券預り通帳等

④ 第17号に掲げる文書により証されるべき事項、すなわち、金銭又は有価証券の受取の事実を継続又は連続して付け込んで証明するために作成する通帳
（例）売上代金領収帳、地代・家賃通帳、入金取次帳等

(11) 第20号文書【判取帳】

「判取帳」とは、当事者の一方が、2以上の相手方との間に生ずる財産上の取引関係について、取引の都度相手方から付け込み証明を受けるために作成し、自己の手元に保管しておく帳簿をいいます。

通帳が特定の1の相手方との間の取引関係について付け込み証明する目的で作成されるのに対し、判取帳は2以上の相手方との間に生ずる取引関係について付け込み証明する目的で作成される点に両者の違いがあります。

また、通帳の場合は、付け込み証明する側（通帳保管者ではなく預けた側の者）が納税義務者となりますが、判取帳の場合には、付け込み証明を受ける側（判取帳保管者）が納税義務者となります。

判取帳のうち、印紙税の課税対象となるのは、第1号（不動産等の譲渡、土地の賃貸借、消費貸借、運送）、第2号（請負）、第14号（金銭又は有価証券の寄託）又は第17号（金銭又は有価証券の受取）に掲げる文書により証されるべき事項につき2以上の相手方から付け込み証明を受ける目的をもって作成するものに限られます。

（例）運送貨物受取帳、仕入代金支払判取帳（複数の仕入先から仕入代金

の支払の都度受領事実の証明を受けるもの）等

5　非課税文書

印紙税の非課税文書は次の5グループに分けて定められています。
① 印紙税法別表第一（課税物件表）の非課税物件の欄に定める文書
② 国、地方公共団体又は印紙税法別表第二（非課税法人の表）に定める者が作成した文書
③ 印紙税法別表第三（非課税文書の表）の上欄に定める文書で、同表の下欄に定める者が作成した文書
④ 租税特別措置法により、非課税とされる文書
⑤ 印紙税法以外の法律（健康保険法195条等）によって、非課税とされる文書

これらの文書が非課税とされているのは、㋑記載金額が少額な文書であること、㋺印紙税本来の趣旨からみて、文書の性質上課税対象にすることが適当でないと認められること、㋩特定の政策目的の上から非課税とすることが適当と認められること、などの理由によるものです。

6　不課税文書

課税物件限定列挙主義を採っている印紙税法では、印紙税法別表第一の「課税物件表」に具体的に掲名列挙された文書だけに課税することになっていますから、それ以外の文書は、どのような文書を作成しても課税されません。これらの文書は「不課税文書」といわれます。

したがって、「課税物件表」に掲名列挙されていない文書（「課税物件表」の課税物件欄の「定義」欄に規定する定義により除外されている文書を含みます。）は、たとえ多額の契約金額の内容となるものであっても、取引当事者間において最も重要な文書となるものであっても、「不課税文書」であり課税されません。

【不課税文書の例】
① 物品の売買契約書
② 有価証券の譲渡契約書

※上記①、②の契約書でも、継続的に売買、譲渡が行われる場合、その取引に係る基本契約ともなるもので、印紙税法施行令第26条の規定に該当することとなる文書については、第7号文書として課税文書となる場合があります。

〔参考〕上記①、②の文書は、平成元年改正（昭和63年法律第109号）により、改正前は課税文書でしたが、改正後課税廃止となり、現在は不課税文書となっているものです。

　他に平成元年改正後課税廃止となり、現在は不課税文書となっているものを掲げると、次のとおりです。

・物品切手
・永小作権、地役権、質権、抵当権、租鉱権、採石権、漁業権、又は入漁権の設定又は譲渡に関する契約書
・無体財産権の実施権、又は使用権の設定又は譲渡に関する契約書
・賃貸借又は使用貸借に関する契約書
　（注）地上権又は土地の賃借権の設定契約書は、第1号の2文書に該当して課税されます。
・委任状又は委任に関する契約書
　（注）委任契約となるものであっても、印紙税法施行令第26条（継続的取引の基本となる契約書：第7号文書）に該当するものがあります。

第3　課税標準と税率

1　本則税率

　印紙税の課税標準と税率は、課税物件表の各号の課税文書の区分に従って同表の課税標準及び税率欄に定められています（印法7条）。

　課税物件表の第1号から第4号までと第17号の文書については、記載金額に応じて課税される階級別定額税率が、その他の号の文書については、1通又は1冊について定額税率（200円、400円、4,000円、4万円）が適用されます。

　なお、第17号の文書については、売上代金の受取書か否かにより税率の適用区分が異なります。

(1) 第17号の文書に係る税率の適用区分

① 売上代金に係る金銭又は有価証券の受取書（第17号の1文書）

　　売上代金とは、「資産を譲渡し若しくは使用させること（当該資産に係る権利を設定することを含む。）又は役務を提供することによる対価（手付けを含む。）」、すなわち何らかの給付に対する反対給付として受領するものをいいます（印法別表第一課税物件表第17号文書の定義欄1）。売上代金の受取書は、記載された受取金額に応じて階級定額税率が適用されます。

　（例）レシート、受取証、領収証、受領書、仮領収証等

② 売上代金以外の金銭又は有価証券の受取書（第17号の2文書）

　　上記①の売上代金以外の金銭又は有価証券、例えば借入金、保証金、損害賠償金、保険金等の受取書がこれに該当し、一律に200円の定額税率が適用されます。

(2) 売上代金の受取書に含まれるものの範囲

　次のような受取書は、売上代金の受取書（第17号の1文書）として取り扱われることになり、階級定額税率が適用されます。

① 受取金額の一部に売上代金を含む受取書
　イ　受取書の記載金額を売上代金に係る金額とその他の金額とに区分することができるものは、売上代金に係る金額がその受取書の記載金額になります（通則4ハ(1)）。
　ロ　受取書の記載金額が売上代金に係る金額とその他の金額とに区分することができないものは、その受取金額全額が受取書の記載金額になります（通則4ハ(2)）。
　ハ　ロの場合で、その他の金額の一部だけ明らかな場合は、その明らかな金額を除いた金額が、その受取書の記載金額になります（通則4ハ(2)）。
② 受取代金の内容が明らかにされていない受取書
　受取金額の全部又は一部が売上代金であるかどうかが、受取書の記載事項から明らかにされていない受取書は、売上代金に係る受取書とみなされます（印法別表第一課税物件第17号文書の定義欄1イ）。
　（注）売上代金以外の受取書であるという事実が他の書類等により証明できる場合であっても、その受取書に記載された内容によって、売上代金以外の受取であることが明らかにならなければ、売上代金の受取書として課税されます。
③ 売上代金の回収（受領）委託を受けた者が作成する受取書
　売上代金の回収（受領）について委託を受けた者が、委託者に代わって売上代金を受領する場合に作成する受取書は、売上代金の受取書として課税されます（印法別表第一課税物件第17号文書の定義欄1ロ）。
　（注）金融機関が作成する振込金や送金資金の受取書は、売上代金以外の受取書（第17号の2文書）となります（印法別表第一課税物件第17号文書の定義欄1ロかっこ書）。
④ 売上代金の受領を委託した者が作成する受取書
　③の場合の受託者が回収した売上代金を、委託者が受領する場合に作成する受取書も、売上代金の受取書として課税されます（印法別表第一

課税物件第17号文書の定義欄1ハ)。
⑤ **売上代金の支払委託を受けた者が作成する受取書**
　売上代金の支払委託を受けた者が、委託者から支払資金を預かる(受領する)場合に作成する受取書は、売上代金の受取書として課税されます(印法別表第一課税物件第17号文書の定義欄1ニ)。

2　税率の軽減措置

　租税特別措置法第91条の規定により、次の①及び②の契約書の税率は、上記**1**の本則税率にかかわらず、軽減措置が適用されています。
① 　不動産の譲渡に関する契約書(第1号の1文書)
② 　建設業法第2条第1項に規定する建設工事の請負に係る契約に基づき作成される請負に関する契約書(第2号文書)
　なお、平成9年4月1日から平成26年3月31日までに作成される契約書の軽減税率と、平成26年4月1日から平成32年(2020年)3月31日までに作成される契約書の軽減税率とで、異なる税率が適用されていますから、ご留意ください。

(1) 不動産の譲渡に関する契約書(第1号の1文書)

　土地や建物などの不動産の譲渡(売買、交換など)に関する契約書に限られます。
　したがって、第1号の1文書となるものであっても、鉱業権、無体財産権、船舶若しくは航空機又は営業の譲渡に関する契約書は、軽減税率の適用はありません。
　同様に第1号文書であっても、地上権又は土地の賃借権の譲渡に関する契約書(第1号の2文書)、消費貸借に関する契約書(第1号の3文書)及び運送に関する契約書(第1号の4文書)も軽減税率の適用はありません。

(2) 建設業法第2条第1項に規定する建設工事の請負に係る契約に基づき作成される請負に関する契約書（第2号文書）

　軽減措置の対象となる請負に関する契約書は、建設工事に係るものに限られ、具体的には、土木建築に関する工事で次のものをいいます（建設業法2条1項、同法別表第一）。

〔建設工事の種類〕

土木一式工事、建築一式工事、大工工事、左官工事、とび・土工・コンクリート工事、石工事、屋根工事、電気工事、管工事、タイル・れんが・ブロック工事、鋼構造物工事、鉄筋工事、舗装工事、しゅんせつ工事、板金工事、ガラス工事、塗装工事、防水工事、内装仕上工事、機械器具設置工事、熱絶縁工事、電気通信工事、造園工事、さく井工事、建具工事、水道施設工事、消防施設工事、清掃施設工事、解体工事

　したがって、上記の建設工事に該当しない工事や、建築物等の設計、建設機械の保守、船舶の建造、機械器具の製造又は修理などの請負契約書は、軽減税率の適用はありません。

(3) 同じ号に係る他の課税事項が併記された契約書

① 　不動産の譲渡に関する契約書に、第1号文書に係る他の課税事項が併記されたものは、合計した契約金額に応じて適用される印紙税の税率を判断します（措通第5章第2節3⑴イ）。

　　（例）　建物648万円（うち消費税48万円）、定期借地（賃借）権400万円、合計1,048万円と記載した「定期借地権付建物売買契約書」

　　　　⇒軽減税率適用あり

　　　　⇒記載金額1,000万円の第1号の1文書、印紙税額5,000円

② 　建設工事の請負に関する契約書に、建設工事以外の請負に関する事項が併記されたものは、合計した契約金額に応じて、適用される税率を判断します（措通第5章第2節3⑴ロ）。

　　（例）　建物設計請負金額216万円（うち消費税16万円）、建物建築請負金額864万円（うち消費税64万円）、合計1,080万円（うち消費税80

万円）と記載した「建物設計及び建築請負契約書」
⇒軽減税率適用あり
⇒記載金額1,000万円の第2号文書、印紙税額5,000円
③ 他の号に係る課税事項が併記された契約書
　2以上の複数の号に該当する契約書は、いずれか一の号にその所属を決定（通則3）した後に、その契約書が軽減措置の適用となるかどうかを判断します。
（例）土地金額6,000万円、建物建築請負金額3,240万円（うち消費税額240万円）、合計9,240万円と記載された土地売買及び建物建築請負契約書
⇒軽減税率適用あり
⇒記載金額6,000万円の第1号の1文書、印紙税額3万円
④ 軽減税率が適用されない契約書等
　イ　契約金額が10万円以下（平成26年3月31日以前は1,000万円以下）の不動産譲渡契約書及び契約金額が100万円以下（平成26年3月31日以前は1,000万円以下）の建設工事請負契約書には、本則税率が適用されます（措通第5章第2節3(1)）。
　ロ　不動産の譲渡又は建設工事の請負に係る契約に関して作成される文書であっても、次の文書は軽減税率の適用はありません（措通第5章第2節3(2)）。
　　(イ)　不動産の譲渡代金又は建設工事代金の支払のために振り出す約束手形（第3号文書）
　　(ロ)　不動産の譲渡代金又は建設工事代金を受領した際に作成する金銭又は有価証券の受取書（第17号の1文書）

I　印紙税法の考え方と基本的な仕組み

第4　文書の所属の決定

　ある文書が、印紙税の課税対象となるか、課税されるとしたらその税額はいくらか、ということは文書が課税物件表のどの号に定められた文書になるか、ということによって決まってきます。
　そこで印紙税法は、同法別表第一の「課税物件表の適用に関する通則」によって、課税文書の所属を決定する基準を定めています。

1　単一の事項が記載されている文書

　形式的に1通又は1冊になっている文書を、印紙税法上「一の文書」といっており、一の文書に課税物件表のいずれか1つの号に定める事項だけが記載されている場合の文書は、その号に所属する文書となります（通則1）。
（例）　1　土地売買契約書⇒第1号文書（不動産の譲渡に関する契約書）
　　　 2　金銭の受取書⇒第17号文書（金銭又は有価証券の受取書）
　なお、「一の文書」とは、1枚の用紙に2以上の課税事項がそれぞれに記載されているもの又は2枚以上の用紙が契印などで結合されているものも含まれます。
　ただし、1枚の用紙や一綴りの用紙で作成された文書でも、その文書に各別に記載された部分を切り離して行使又は保存することを予定しているものは、それぞれ各別に一の文書となります（印基通5条）。

2　2以上の号の課税事項が併記又は混合記載されている文書

　一の文書に2以上の号の課税事項が記載されているものを、次の3つに分類して、それぞれの事項は、それぞれの号に定める文書とすることとなっています（通則2、印基通10条）。
① 　課税物件表の2以上の号の課税事項が併記又は混合記載されている文書

46

（例）不動産と売掛債権の譲渡契約書　第1号文書と第15号文書
② 　課税物件表の1又は2以上の号の課税事項と、その他の事項（非課税事項等）が併記又は混合記載されている文書
　（例）1　土地売買と建物移転補償契約書　第1号文書とその他の文書
　　　　2　保証契約のある消費貸借契約書　第1号文書とその他の文書
③ 　記載事項が形式的、内容的にも1つであるが、課税物件表の2以上の号の課税事項に同時に該当する文書
　（例）継続する請負の基本契約書　第2号文書と第7号文書

3　2以上の号の課税事項を記載した文書の所属の決定

　課税物件表の2以上の号の課税事項を記載した文書については、1つの号に所属を決定した上で、所属することとなった号の印紙税が課税されます。

　したがって、2以上の号の課税事項に対して、それぞれの号の課税額を合算して課税するのではなく、いずれか1つの号の課税文書に所属を決定し、その所属する号の税額のみの負担を求めるものです。

　そのためには、その文書の所属する号について、最終的に1つの号に決定する必要があり、その具体的な方法が次のとおり定められています（通則3）。

(1) 第1号又は第2号と第3号から第17号までの課税事項が記載された文書（ただし(2)と(3)の文書を除きます。）（通則3イ）

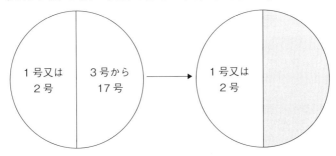

(例) 不動産と売掛債権譲渡契約書
　　　第1号文書と第15号文書　⇒　所属決定　第1号文書
(2) 第1号又は第2号で契約金額の記載がないものと第7号の課税事項が記載された文書（通則3イただし書）

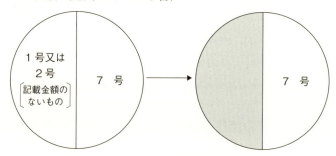

(例) 継続する物品運送の基本的事項を定めた記載金額のない契約書
　　　第1号文書と第7号文書　⇒　所属決定　第7号文書
　　　※記載金額がある場合は上記(1)により第1号文書に所属決定
(3) 第1号又は第2号と第17号の1（100万円を超える売上代金の受取金額の記載のあるものに限ります。）の課税事項を記載した文書で、第17号の1の受取金額が第1号又は第2号の契約金額を超えるもの又は第1号又は第2号の契約金額の記載がないもの（通則3イただし書）

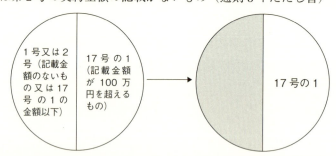

(例) 消費貸借契約と受取書（売掛金800万円のうち600万円を領収し残額200万円を消費貸借とする文書）
　　　第1号文書と第17号の1文書　⇒　所属決定　第17号の1文書

(4) 第1号と第2号の課税事項が記載された文書（ただし(5)を除きます。）
（通則3ロ）

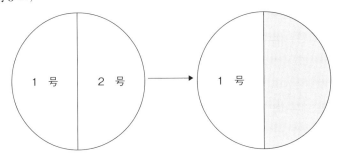

(例) 機械製作及び運送契約書
　　　第1号文書と第2号文書　⇒　所属決定　第1号文書

(5) 第1号と第2号の課税事項を記載した文書で、それぞれ契約金額が区分記載されており、しかも、第2号文書の契約金額が第1号文書の契約金額を超えるもの（通則3ロただし書）

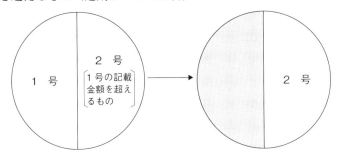

(例) 加工荷造運送契約書（運送料10万円、加工荷造費20万円）
　　　第1号文書と第2号文書　⇒　所属決定　第2号文書

(6) 第3号から第17号までの2以上の課税事項を記載した文書（ただし、(7)の文書を除きます。）
　　……最も号数の少ない号の文書とします（通則3ハ）。
　(例) 継続する債権譲渡について基本的な事項を定めた契約書
　　　第7号文書と第15号文書　⇒　所属決定　第7号文書

(7) 第3号から第16号と第17号の1の課税事項を記載した文書のうち売上代金受取額（100万円を超えるものに限ります。）の記載があるもの（通則3ハただし書）

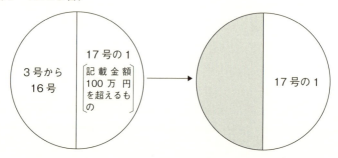

　　（例）債権の譲渡契約書にその代金200万円の受取事実を記載したもの
　　　　第15号文書と第17号の1文書　⇒　所属決定　第17号の1文書

(8) 第1号から第17号までと第18号から第20号までの課税事項を記載した文書（(9)、(10)、(11)の文書を除きます。）（通則3ニ）

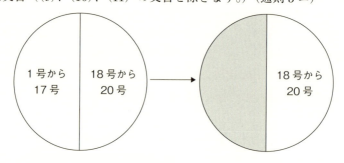

　　（例）生命保険証券兼保険料受取通帳
　　　　第10号文書と第18号文書　⇒　所属決定　第18号文書

(9) 契約金額が10万円（注）を超える第1号と第19号又は第20号の課税事項を記載した文書（通則3ホ、措法91条4項）

　（注）平成26年4月1日以後に作成された文書で印紙税の軽減措置が適用される第1号の1文書である場合には、50万円となります。

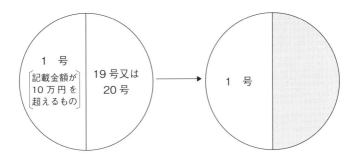

（例）契約金額が150万円の無体財産権売買契約書とその代金の受取通帳
　　　第1号の1文書と第19号文書　⇒　所属決定　第1号文書

(10) 契約金額100万円（注）を超える第2号と第19号又は第20号の課税事項を記載した文書（通則3ホ、措法91条4項）

（注）平成26年4月1日以後に作成された文書で印紙税の軽減措置が適用される第2号文書である場合には、200万円となります。

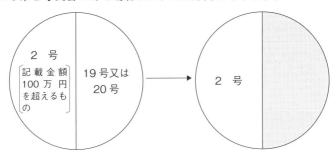

（例）契約金額が250万円の請負契約書とその代金の受取通帳
　　　第2号文書と第19号文書　⇒　所属決定　第2号文書

(11) 売上代金の受取額が100万円を超える第17号の1と第19号又は第20号の課税事項を記載した文書（通則3ホ）

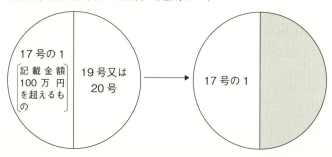

（例）下請前払金200万円の受取書と請負通帳

　　　第17号の1の文書と第19号文書

　　　⇒　所属決定　第17号の1文書

(12) 第18号と第19号の課税事項を記載した文書（印基通11条）

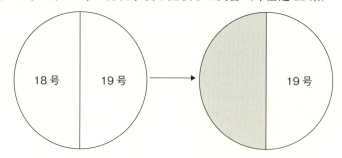

（例）預貯金通帳と金銭の受取通帳が1冊となった通帳

　　　⇒　所属決定　第19号文書

第5　記載金額

　記載金額とは、契約金額、券面金額、その他その文書が証明する事項に関する金額として、文書に記載されている金額をいいます（通則4本文）。

1　契約金額の意義

　第1号文書、第2号文書及び第15号文書においては契約金額が記載金額となり、その多寡によって税率の適用区分や文書の課否判断が分かれることがありますから、その文書において契約の成立等に関して直接証明する目的をもって記載されている金額がいくらであるかを慎重に判定する必要があります（印基通23条）。

(1) 第1号の1文書（不動産の譲渡契約書など）及び第15号文書（債権譲渡契約書など）のうちの債権譲渡に関する契約書

① 「売買」⇒売買金額
　（例）土地売買契約書において、時価60万円の土地を50万円で売買すると記載したもの…記載金額50万円の第1号の1文書
　（注）60万円は評価額であり売買金額（契約金額）ではありません。

② 「交換」⇒交換金額
　交換契約書に交換対象物の双方の価額が記載されているときはいずれか高い方（等価交換のときは、いずれか一方）の金額が、交換差金のみが記載されているときは当該交換差金がそれぞれ交換金額になります。
　（例）土地交換契約書において、
　　1　甲の所有する土地（価額100万円）と乙の所有する土地（価額110万円）とを交換し、甲は乙に10万円支払うと記載したもの…記載金額110万円の第1号の1文書
　　2　甲の所有する土地と乙の所有する土地とを交換し、甲は乙に10万円支払うと記載したもの…記載金額10万円の第1号の1文書

③ 「代物弁済」⇒代物弁済により消滅する債務の金額

　代物弁済の目的物の価額が消滅する債務の金額を上回ることにより、債権者がその差額を債務者に支払う場合は、その差額を加えた金額となります。

（例）代物弁済契約書において、
1　借用金100万円の支払に代えて土地を譲渡するとしたもの…記載金額100万円の第1号の1文書
2　借用金100万円の支払に代えて150万円相当の土地を譲渡するとともに、債権者は50万円を債務者に支払うとしたもの…記載金額150万円の第1号の1文書

④ 「法人等に対する現物出資」⇒出資金額
⑤ その他　⇒譲渡の対価たる金額

（注）贈与契約においては、譲渡の対価たる金額はありませんから、契約金額はないものとして取り扱われます。

(2) 第1号の2文書（土地賃貸借契約書など）⇒設定又は譲渡の対価たる金額

　「設定又は譲渡の対価たる金額」とは、賃貸料を除き、権利金その他名称のいかんを問わず、契約に際して相手当事者に交付し、後日返還されることが予定されていない金額をいいます。したがって、後日返還されることが予定されている保証金、敷金等は、契約金額には該当しません。

(3) 第1号の3文書（消費貸借契約書）⇒消費貸借金額

　消費貸借金額には利息は含まれません。

(4) 第1号の4文書（運送契約書など）⇒運送料又は用船料

(5) 第2号文書（請負契約書）⇒請負金額

(6) 第15号文書のうちの債務引受けに関する契約書⇒引き受ける債務の金額

2 記載金額についての具体的な取扱い

(1) 1通の文書に、課税物件表の同一の号の課税事項の記載金額が2以上ある場合には、合計額が記載金額となります（通則4イ、印基通24条1号）。

　（例）1　請負契約書
　　　　　A工事200万円、B工事300万円
　　　　　⇒記載金額500万円の第2号文書
　　　　2　不動産と地上権の譲渡契約書
　　　　　不動産価格800万円、地上権価格500万円
　　　　　⇒記載金額1,300万円の第1号文書

(2) 1通の文書に、課税物件表の2以上の号の課税事項が記載されている場合には、次の区分によって計算します。

　① 2以上の号の記載金額が、それぞれ区分して記載されている場合には所属することになる号の記載金額となります（通則4ロ(1)、印基通24条2号）。

　　（例）不動産と売掛債権譲渡契約書
　　　　　不動産700万円、売掛債権200万円
　　　　　⇒記載金額700万円の第1号文書

　② 2以上の号の記載金額が、区分して記載されていない場合には、その金額が記載金額となります（通則4ロ(2)、印基通24条3号）。

　　（例）不動産と売掛債権譲渡契約書
　　　　　不動産と売掛債権500万円
　　　　　⇒記載金額500万円の第1号文書

(3) 契約金額の一部が記載されている場合は、その記載された一部の契約金額が、その文書の記載金額となります（印基通27条）。

　（例）請負契約書に、「A工事200万円。ただし、附帯工事については実費による」と記載されたもの

Ⅰ　印紙税法の考え方と基本的な仕組み

⇒記載金額200万円の第2号文書
(4) 文書に記載された単価、数量、記号その他により、記載金額を計算することができる場合には、計算により算出した金額が記載金額となります（通則4ホ(1)、印基通24条6号）。
　（例）1　物品加工契約書
　　　　　　A商品単価500円、数量10,000個
　　　　　　⇒記載金額500万円の第2号文書
　　　　2　エレベーター保守契約書
　　　　　　保守料月額20万円、契約期間1年
　　　　　　⇒記載金額240万円（20万円×12月）の第2号文書
(5) 第1号又は第2号に掲げる文書に、その文書に係る契約についての契約金額又は単価、数量、記号その他の記載のある見積書、注文書その他これらに類する文書（課税物件表に掲げる文書に該当するものは除きます。）の名称、発行の日、記号、番号等の記載があることにより、当事者間においてその契約についての契約金額が明らかである場合又は計算をすることができる場合には、その明らかである契約金額又は計算により算出された契約金額が記載金額となります（通則4ホ(2)、印基通24条7号）。
　（例）工事請負注文請書
　　　　　「請負金額は貴注文書第○号のとおりとする」とする工事請負に関する注文請書で、注文書に記載されている請負金額が500万円
　　　　　⇒記載金額500万円の第2号文書
(6) 文書が売上代金に係る金銭又は有価証券の受取書である場合には、次の区分によって計算します（通則4ハ）。
　① 受取書の記載金額が、売上代金の金額とその他の金額に区分して記載されている場合には、売上代金の金額のみが記載金額となります（通則4ハ(1)、印基通24条4号）。
　　（例）物品の販売代金500万円、貸付金の返済金300万円

⇒記載金額500万円の第17号の1文書

② 受取書の記載金額が、売上代金の金額とその他の金額に区分されていない場合には、その記載金額が売上代金の金額となります(通則4ハ(2)、印基通24条5号)。

(例) 物品の販売代金と貸付金の返済金合計250万円

⇒記載金額250万円の第17号の1文書

(7) 売上代金として受け取る有価証券の受取書に、その有価証券の発行者の名称、発行の日、記号、番号その他の記載があることにより、当事者間においてその受取金額を明らかにすることができる場合には、その明らかにすることができる金額が記載金額となります(通則4ホ(3)、印基通24条8号)。

(例) 領収書

物品売買代金の受取書で、○○㈱発行のNo.××の小切手と記載したもの

⇒その小切手の券面金額250万円が記載金額の第17号の1文書

(8) 売上代金として受け取る金銭又は有価証券の受取書にその売上代金に係る受取金額の記載がある支払通知書、請求書その他これらに類する文書の名称、発行の日、記号、番号その他の記載があることにより、当事者間においてその受取金額が明らかである場合には、その明らかである受取金額が記載金額となります(通則4ホ(3)、印基通24条9号)。

(例) 領収書

「平成○年○月分の販売代金として平成○年○月○日付請求書の金額を受領した」旨を記載したもの(請求書の金額は250万円)

⇒記載金額250万円の第17号の1文書

(9) 文書の記載金額が、外国通貨によって表示されている場合には、文書を作成した日の基準外国為替相場又は裁定外国為替相場により、本邦通貨に換算した金額が記載金額となります(通則4ヘ、印基通24条10号)。

(注) 基準外国為替相場又は裁定外国為替相場は、日本銀行のホームページ（http://www.boj.or.jp/）で確認できます。

(10) 予定金額が記載されている文書の記載金額

　記載されている金額が予定金額、概算金額、最低金額あるいは最高金額であっても、それぞれ記載金額となります。

　なお、最低金額と最高金額が双方とも記載されている場合は、最低金額が記載金額となります（印基通26条）。

(11) 手付金額又は内入金額が記載されている契約書の記載金額

　手付金は契約締結の際に契約当事者間で授受される金銭で、解約手付け、証約手付け、成約手付け、違約手付け等、種々の目的のものがありますが、いずれも契約が履行されるときは代金などの一部に充てられるものです。

　また、内入金は契約代金の金額の支払に先立って支払われる代金の一部弁済ですが、中には解約手付けの性質を持つものもあります。しかし、手付金も内入金もその契約金額そのものではありませんから、たとえ契約書に手付金額又は内入金額が記載されていても、記載金額に該当しないものとして取り扱われます。

　ただし、手付金額又は内入金額と記載されたものでもその実質が契約金額の一部であると認められるものや、その記載があることにより契約金額が計算できる場合などは、記載金額と判定される場合があります。

　なお、契約書に100万円を超える手付金額又は内入金額の受領事実が記載されている場合には、当該文書は、通則3イ又はハただし書の規定によって第17号の1文書（売上代金に係る金銭又は有価証券の受取書）に該当するものがあることに留意する必要があります。

(12) 月単位等で契約金額を定めている契約書の記載金額

　月単位等で契約金額を定めている契約書で、契約期間の記載のあるものはその月単位等での契約金額に契約期間の月数等を乗じて算出した金額が記載金額となり、契約期間の記載のないものは記載金額がないもの

となります。

※ 上記(4)の(例)2参照。

　なお、契約期間の更新の定めがある契約書については、更新前の期間のみを記載金額算出の基礎とし、更新後の期間は考慮しないものとします（印基通29条）。

(13) 契約金額を変更する変更契約書の記載金額

　それぞれ次によります（通則4ニ、印基通30条）。

① その変更契約書に係る契約についての変更前の契約金額等の記載されている契約書が作成されていることが明らかであり、かつ、その変更契約書に変更金額（変更前の契約金額と変更後の契約金額の差額、すなわち契約金額の増減額）が記載されている場合（変更前の契約金額と変更後の契約金額の双方が記載されていることにより変更金額を明らかにできる場合を含みます。）

　　イ　変更前の契約金額を増加させるものは、その増加額が記載金額となります。

　　（例）土地売買契約変更契約書に

　　　　1　平成○年○月○日付土地売買契約書の売買金額1,000万円を100万円増額すると記載したもの

　　　　　⇒記載金額100万円の第1号文書

　　　　2　平成○年○月○日付土地売買契約書の売買金額1,000万円を1,100万円に変更すると記載したもの

　　　　　⇒記載金額100万円の第1号文書

　　ロ　変更前の契約金額を減少させるものは、記載金額のないものとなります。

　　（例）土地売買契約変更契約書に平成○年○月○日付土地売買契約書の売買金額を100万円減額すると記載したもの、又は売買金額1,000万円を900万円に変更すると記載したもの

　　　　⇒記載金額のない第1号文書

② 上記①以外の変更契約書
　イ　変更後の契約金額が記載されているもの（変更前の契約金額と変更金額の双方が記載されていることにより変更後の契約金額が計算できるものも含みます。）は、その変更後の契約金額が、その文書の記載金額となります。
　（例）土地売買契約変更契約書に
　　　　1　当初の売買金額1,000万円を100万円増額（又は減額）すると記載したもの
　　　　　⇒記載金額1,100万円（又は900万円）の第1号文書
　　　　2　当初の売買金額を1,100万円に変更すると記載したもの
　　　　　⇒記載金額1,100万円の第1号文書
　ロ　変更金額だけが記載されているものは、その変更金額が、その文書の記載金額となります。
　（例）土地売買契約変更契約書に
　　　　当初の売買金額を100万円増額（減額）すると記載したもの
　　　　⇒記載金額100万円の第1号文書
〔参考〕上記（12）の「月単位等で契約金額を定めている契約書の記載金額」にある月単位等の契約金額（月額単価となる金額）を変更する契約書の記載金額の取扱い

　継続的取引の基本となる契約書（第7号文書）においては、月単位等の契約金額（月額単価となる金額）と契約期間の記載があれば、その月額単価と契約期間により契約金額の算出ができる場合がありますが、このような月単位等の契約金額（月額単価となる金額）を変更する契約書についての、記載金額の取扱いについては、後述の「Ⅲ　税務調査で指摘される不納付事例と留意事項」2の事例10「〔参考〕請負契約書などの月額単価変更契約書等の記載金額の取扱い」（140頁）に掲載していますので、参照してください。

(14) 消費税及び地方消費税の金額が記載された契約書等の記載金額の取

扱い（平成元年3月10日付間消3−2「消費税法の改正等に伴う印紙税の取扱いについて」（法令解釈通達））
① 第1号文書、第2号文書及び第17号文書において、消費税及び地方消費税（以下「消費税等」といいます。）の金額が区分記載されている場合には、当該金額は記載金額に含めないものとします。
　（例）1　領収書　「請負代金100万円、消費税等8万円、計108万円」
　　　　　⇒記載金額100万円の第17号の1文書
　　　　2　領収書　「領収金額108万円（消費税等を含む。）」
　　　　　⇒記載金額108万円の第17号の1文書
　　　　　※区分記載されていないので、108万円が記載金額となります。
② 消費税等のみが記載されている場合は、税率適用に当たっての記載金額はないものとします。
　したがって、第1号文書、第2号文書では「契約金額の記載のないもの」として、第17号文書では「売上代金以外の受取書」であって「受取金額の記載のないもの」に該当して、それぞれ印紙税額は200円になります。
　なお、第1号文書、第2号文書では、記載された金額が「1万円未満のもの」は非課税となり、第17号文書では記載された受取金額が「5万円未満のもの」は非課税となりますから、ご留意ください。
③ 手形（第3号文書）に係る金額について、消費税等の金額を区分記載しても、消費税等の金額を含めた総額が手形債権となり、記載金額とされます。
　同様に債権譲渡契約（第15号文書）の債権額について、消費税等の金額を区分して記載しても、消費税等の金額を含めた総額が債権額となり、記載金額とされます（課税資産の譲渡等に係る売掛債権額には消費税額が含まれていますが、金銭債権の譲渡は消費税が非課税ですので、譲渡金額の総額が金銭債権の金額となります。）。

Ⅰ　印紙税法の考え方と基本的な仕組み

(15) 無償等と記載された文書の記載金額の取扱い

　契約金額が「無償」、「0円」と記載されている場合には、契約金額がないという意味合いのものであるから、記載金額とは取り扱われません（印基通35条）。

　したがって、このように記載された文書は、免税点以下の金額が記載されたものとして非課税文書に該当するものではなく、記載金額のない契約書として課税されます。

　なお、「修理」、「加工」等の契約において、一切の対価を受けない場合には、請負契約には該当しないこととなりますから、例えば、「無償」等と記載された修理引受書などの文書は、第2号文書（請負に関する契約書）には該当しないこととなります。

第6 納税義務者と納税義務の成立

1 納税義務者

　課税文書の作成者は、作成した課税文書の印紙税を納める義務があります（印法3条1項）。

　課税文書の作成者とは、現実に課税文書を作成した物理的な作成者をいうのではなく、具体的には、次の区分によって、それぞれに定められた者が作成者として納税義務者になります（印基通42条、43条）。

① 事業主の業務に関して、従業員などの名義で作成する課税文書は、事業主
② 法人の業務に関して、法人の代表者名義で作成する課税文書は、法人
③ 委任（事務委任を含みます。）により代理人が、委任事務の処理のために代理人名義で作成する課税文書は、代理人
④ その他の課税文書は、課税文書に記載された作成名義人

2 共同作成者の連帯納税義務

　1つの課税文書を2以上の者が共同して作成した場合には、共同作成者は、連帯して納税義務者となります（印法3条2項）。

　なお、例えば、不動産売買契約における仲介人、消費貸借契約における保証人は、契約に参加する当事者であり、契約当事者に含まれることになって、その所持する契約書は課税の対象になりますが、納税義務者とはなりません。

　この場合は、売買取引の売主と買主あるいは消費貸借契約の貸主と借主に納税義務が生ずることとなり、契約当事者が所持する契約書全てに連帯納税義務が生じます。

3 納税義務の成立

(1) 納税義務の成立時点

印紙税の納税義務は課税文書の作成の時に成立します（国税通則法15条2項11号）。

課税文書の作成とは、原則として、課税文書を物理的に作り（調製し）、文書の作成目的に従って行使することをいいます（印基通44条1項）。

したがって、作成の時とは、次に掲げる時となります（印基通44条2項）。

① 金銭の受取書などのように、文書が取引の相手方に交付する目的で作られるものは、その交付の時
② 契約書などのように、文書が当事者の意思の合致したことを証明する目的で作られるものは、その証明の時（当事者の署名押印など）
③ 通帳などのように、文書が継続して付け込み証明する目的で作られるものは、最初の付け込みの時

このように、印紙税法上の作成とは、文書の物理的な作成（調製）行為を意味するものではなく、文書に記載された事項の証明効果を発生させる行為です。

したがって、ある文書が、たとえ課税文書としての体裁を整えていても、その作成目的に従って行使しない限り納税義務は成立しないことになります。

(2) 外国で作成する文書の納税義務の成立

印紙税法は日本の国内法ですから、その適用地域は日本国内（いわゆる本邦地域内）に限られることになります。

したがって、課税文書の作成が国外で行われる場合には、たとえその文書に基づく権利の行使が国内で行われるとしても、また、その文書の保存が国内で行われるとしても、印紙税の納税義務は生ぜず、課税されないことになります。

なお、上記（1）のとおり、印紙税法の課税文書の作成とは、単なる課税文書の調製行為をいうのではなく、課税文書となるべき用紙等に課税事項を記載し、これをその文書の目的に従って行使することをいいます。

そのため、相手方に交付する目的で作成する課税文書（例えば、請書、受取書など）は、その交付の時になりますし、契約書のように当事者の意思の合致を証明する目的で作成する課税文書は、その意思の合致を証明する時になります。

契約書は、通常双方署名押印等する方式の文書となりますから、契約の当事者の一方が課税事項を記載し、これに署名押印した段階では、契約当事者の意思の合致を証明することにはならず、もう一方の契約当事者が署名等をするときに課税文書が作成されたことになります。

したがって、双方の署名押印等がそろった時点がその契約書の作成時点となりますから、契約書が作成された場所が印紙税法施行地内（日本国内）であれば、課税文書となりますし、法施行地外（外国）であれば、印紙税は課税されないことになります。

例えば、先に国内の者が日本国内で課税文書（2通）の調製行為（文書作成と署名押印等）をした上で、外国の取引相手先に送付をし、その後、その外国の取引相手先が署名押印をし、2通のうち1通の契約書を国内の者に返送してくる場合には、国内の者の手元において保存することになる契約書については課税文書とはなりません。

(注) この場合、いつ、どこで作成されたものであるかを明らかにしておかなければ、印紙税の納付されていない契約書について、後日その課否についてトラブルが発生することも懸念されますから、契約書上に外国での作成場所を記載する、外国での作成事実を付記しておく等の措置が必要となります。

また、文書の作成方法が上記のケースとは逆の場合、つまり、外国の取引相手先が外国で課税文書の調製行為を行い、先に外国の者が署名等をした上で、契約書2通を国内の者が送付を受け、国内の者がこれに署名押印

等して（意思の合致を証明して）、1通の契約書を外国の取引相手先に送付する場合には、国内の者が保存するものだけではなく、外国の者に返送する契約書も課税文書となり、納税義務が生じますから、留意が必要です。

4 課税文書の作成とみなす場合

　印紙税の納税義務は、課税文書の作成の時に成立しますが、全てについてこの原則を当てはめると、税負担の不均衡が生じたり、印紙税納付の実態と著しくかけ離れたりする不都合が生ずることがあります。そこで、次の場合には印紙税法上課税文書の作成があったものとしています（印法4条）。

(1) 手形を作成したものとみなす場合（印法4条1項）

　約束手形や為替手形を、手形金額を記載しないまま振り出したり、引き受けたりした後に、手形金額が補充される場合には、その補充をした者が、その補充をした時に、手形を作成したものとみなされます。

(2) 通帳などを作成したものとみなす場合（印法4条2項）

　通帳や判取帳を1年以上継続して使用する場合には、その通帳を作成した日から1年を経過した日（翌年の応当日）以後、最初の付け込みをした時に、新たにそれらの通帳等が作成されたものとみなされます。

　したがって、例えば、数年間使用することとしている駐車場の使用料の受取通帳に毎月の使用料の受領事実を付け込む場合は、最初の付け込みの時に400円の印紙を貼り付け、以後1年経過した日（翌年の応当日）後の最初の付け込み時に新たに400円ずつ印紙を貼り付ける必要があります。

(3) 通帳などへの付け込みがある一定の金額を超える場合に、それぞれの課税事項に関する契約書等が作成されたとみなす場合（印法4条4項）

　通帳等に次の事項の付け込みがされた場合において、その付け込みがされた事項に係る記載金額が次に掲げる金額であるときは、その付け込みが

された事項に係る部分については、通帳等への付け込みがなく、次に掲げる課税文書の作成があったものとみなされます。
① 第1号（消費貸借に関する契約書等）の課税文書により証されるべき事項　10万円（租税特別措置法第91条第2項の軽減措置が適用される不動産譲渡契約書の場合は50万円）を超える金額
⇒第1号文書の作成があったものとみなされます。

　例えば、貸付金通帳に貸付金額30万円を付け込み証明したときには、その30万円の付け込みは、貸付金通帳への付け込みにはならず、新たな「消費貸借に関する契約書（第1号の3文書）」を作成したものとみなされます。

② 第2号（請負に関する契約書）の課税文書により証されるべき事項　100万円（租税特別措置法第91条第3項の軽減措置が適用される建設工事請負契約書の場合は200万円）を超える金額
⇒第2号文書の作成があったものとみなされます。

　例えば、注文請負通帳に請負金額150万円を付け込み証明したときには、その150万円の付け込みは、注文請負通帳への付け込みにはならず、新たな「請負に関する契約書（第2号文書）」を作成したものとみなされます。

③ 第17号の1（売上代金に係る金銭又は有価証券の受取書）の課税文書により証されるべき事項　100万円を超える金額
⇒第17号の1文書の作成があったものとみなされます。

　例えば、金銭の受取通帳に受取金額300万円を付け込み証明したときには、その300万円の付け込みは、その金銭の受取通帳への付け込みにはならず、新たな「売上代金に係る金銭又は有価証券の受取書（第17号の1文書）」を作成したものとみなされます。

(4) 課税文書を国等と国等以外の者が共同作成した場合のみなし規定（印法4条5項）

　国等（国、地方公共団体又は印紙税法別表第二に掲げる者（沖縄振興開

発金融公庫など))が作成する文書は非課税となります。

　この国等が契約の一方の当事者である場合は、作成される契約書は国等と国等以外の者が共同して作成した文書となり、この場合には、契約書を相互に交換しているものと考え、国等が所持するものは国等以外の者が作成したものと、また、国等以外の者が所持するものは、国等が作成したものとみなされます。

　例えば、国と営利法人2者との間で共同して文書を作成し、それぞれがその文書を所持することとした場合は、国が所持する文書のみが課税され、その国等が所持する文書は営利法人2者の連帯納税義務となります。

第7　納付手続と還付

1　印紙納税方式による場合

(1) 印紙の貼り付けによる納付

　課税文書の作成者は、税印押なつなど特別の場合を除いて、文書の作成の時までに、課税される印紙税に相当する金額の印紙を文書に貼り付ける方法で印紙税を納付しなければなりません（印法8条1項）。この場合に作成者は、文書と印紙の彩紋（模様）とにかけてはっきり印紙を消さなければなりません（印法8条2項）。

　収入印紙を消す方法は、文書の作成者又は代理人、使用人その他の従業者の印章又は署名によることとされています（印令5条）。

　なお、消印は収入印紙の再使用を防止する目的のものですから、ここでいう印章には、通常の印鑑のほか、日付印や役職名などが表示された印など、その文書に押した印鑑と異なる印で消してもよく（印基通65条）、また、例えば、共同作成文書の場合は、作成者全員で消す必要はなく、1人の者が消すことでも構いません。

(2) 税印による納付の特例

　課税文書の作成者は、特定の課税文書に対し、印紙を貼り付けることの代わりに印紙税額を金銭で納付して、特定の税務署長に、税印を押してもらうことができます（印法9条）。

(3) 印紙税納付計器の使用による納付の特例

　課税文書の作成者は、一定の手続により所轄税務署長の承認を受けて印紙税納付計器を設置し、印紙税額をあらかじめまとめて金銭で納付の上、課税文書に印紙を貼り付ける代わりに、この計器を使用し印紙税額を表示した納付印を押すことができます（印法10条）。

2　申告納税方式による場合

(1) 書式表示による申告と納付の特例

　課税文書の作成者は、一定の条件に合った課税文書の印紙税について、所轄税務署長の承認を受けて、課税文書に一定の書式を表示し、事後に課税文書の作成数量に基づき金銭で申告納税することができます（印法11条）。

(2) 預貯金通帳等の申告と納付の特例（一括納付）

　一定範囲の預貯金通帳等の作成者は、あらかじめ所轄税務署長の承認を受けて、毎年4月1日から翌年3月末日までの間に作成される預貯金通帳等に一定の書式を表示し、4月1日現在の口座数を基にして計算した印紙税額を申告し、金銭で納税することができます（印法12条）。

　なお、上記の承認申請手続については毎年行う必要があったのですが、平成30年4月1日以後に作成する預貯金通帳等に係る承認申請については、当初の承認申請内容に変更がない場合には、再度の承認申請は必要ないこととされています。

3　過誤納金の還付と充当

　国税に関する過誤納金の還付と充当については、原則として、国税通則法の定めるところによります（国税通則法56条、57条）。

　しかしながら、印紙税は他の一般の国税と異なり、納税義務の成立と同時に税額も確定する印紙納税方式を原則としているので、国税通則法の規定だけでは実情に適さない場合があります。

(1) 過誤納金の確認

　印紙税法は、国税通則法の例外規定を設けて、申告納税方式以外の方法によって納付した印紙税は、一定の手続により、過誤納の事実について、納税地の所轄税務署長の確認を受けることにしています（印法14条）。

　例えば、次のような場合には、この手続によって過誤納金の還付を受け

ることができます。
① 印紙税の納付の必要がない文書に、誤って印紙を貼り付けたり、納付印を押したりした場合
② 課税文書に正当額以上の金額の印紙を誤って貼り付けた場合
③ 課税文書の用紙にあらかじめ印紙を貼り付けたり、税印を押したり、納付印を押したりしたものが、破れたり、汚したり、書き損じたりその他の理由によって課税文書として使用する見込みがなくなった場合

(2) 過誤納金の還付を受ける方法

　過誤納の事実があることについて所轄税務署長の確認を受けるため、「印紙税過誤納確認申請書」を提出するとともに、印紙税が過誤納となっている文書を提示することが必要です。

　「印紙税過誤納確認申請書」の用紙は税務署に用意してあります（又は国税庁ホームページから入手することもできます。）。

　したがって、印紙税の過誤納金の還付を受けようとする人は、印紙税が過誤納となっている文書と印鑑を税務署に持参すればよいようになっています。

　税務署長は、提示された文書について印紙税の過誤納の事実を確認した場合には、その文書に貼られている印紙に「過誤納処理済」等と表示した印を押して返戻するほか、過誤納金を還付することになります。

　この場合、還付は現金を直接渡すことはしないで、銀行か郵便局を通じてなされますから、還付金を受け取るまでには若干の日数をみる必要があります。

(3) 過誤納金の充当

　過誤納金は、課税文書に税印の押なつを受ける場合や、印紙税納付計器を使用する場合に、納付する印紙税に充当するよう税務署長に請求することができます（印法14条2項）。

第8 納税地

1 印紙の貼り付けにより納付する文書

(1) 課税文書に作成場所が明らかにされているもの
課税文書に記載されている作成場所（印法6条4号）

(2) 課税文書に作成場所が明らかにされていないもの
① 課税文書に作成者の本支店、出張所、事業所その他これらに準ずるものの所在地が記載されているもの
⇒その所在地（印令4条1項1号）
② 上記①以外のもの
⇒課税文書の作成の時の作成者の住所（印令4条1項2号）

(3) 共同作成した課税文書でその作成場所が明らかにされていないもの
① 作成者が所持しているもの
⇒所持している場所（印令4条2項1号）
② 作成者以外の者が所持しているもの
⇒作成者のうち、課税文書に最も先に記載されている者がその文書を作成したものとした場合の前記**(2)** の①か②に規定する場所（印令4条2項2号）

2 税印の押なつにより納付する文書

税印押なつの請求を受けた税務署長の所属する税務署の管轄区域内の場所（印法6条2号）

3 印紙税納付計器により納付する文書

印紙税納付計器を設置した場所（印法6条3号）

4 申告納税方式によって納税する文書

　その承認をした税務署長の所属する税務署の管轄区域内の場所(印法6条1号)

（注）納税地は、税務署が特定されれば足りるので、上記**2**と**4**の場合は、具体的な場所を特定していません。

第9 過怠税

1 過怠税制度の趣旨目的

　印紙税は、印紙納付を原則とする自主納付制度であり、印紙税不納付などの事実に対する処罰は、故意犯だけに限られます。

　しかしながら、故意犯だけを処罰の対象としていたのでは、納税の確実な履行と納税秩序の維持を図ることは困難なことから、故意過失の区別なく印紙納付による印紙税を納付しなかったあるいは印紙を消さなかった事実に対して、過怠税を課税することによって、行政的に法秩序の維持と適正な納税の履行を確保しようとするものです。

2 過怠税の性格

　過怠税は、2つの性格を持っており、その第1は、印紙を貼り付けて納付する印紙税を納付しなかったことに対する税額の追徴という性格です。

　他の国税で納付不足があった場合には、全て更正などの処分によって、不足の税額を追徴することになっていますが、これに対して、印紙納付の方法によって納税する印紙税は、1件当たりの税額が少額であるため、特に本税としての印紙税の追徴を単独で行わないで、次に述べる行政的制裁としての金額と併せて徴収しようとするものです。

　第2は、財政権の侵害行為や侵害行為を誘発するおそれのある行為に対する行政的制裁の性格を持っていることです。

　すなわち、故意過失の区別なく、印紙税を納付しなかった行為や貼り付けた印紙を消さなかった行為は、いずれも納税秩序を維持するための義務に違反した行為です。他の国税でも、このような義務違反行為に対し行政制裁として各種の附帯税を課していますが、これと同様の趣旨で、違反者から一定の金額の制裁金を徴収しようとするものです。

3　過怠税の賦課徴収

　過怠税は、印紙不貼付過怠税と印紙不消印過怠税とに分かれます。

　印紙不貼付過怠税は、課税文書に印紙を全く貼り付けなかったり、貼り付けた印紙の金額が不足であったりした場合に課税され、過怠税額は納付しなかった印紙税額とその2倍の金額の合計額となります（全体では納付しなかった印紙税額の3倍となります（印法20条1項）。）。

　なお、課税文書の作成者から印紙税を納付していないことの申出があり、その申出が調査を受け、過怠税の賦課決定があることを予知してされたものでない場合の過怠税額は、納付しなかった印紙税額とその印紙税額の10％の金額の合計額となります（全体では納付しなかった印紙税額の1.1倍となります（印法20条2項、印令19条）。）。

　印紙不消印過怠税は、課税文書に印紙を貼り付けたが、印紙に所定の消印をしなかった場合に課税されるもので、過怠税額は消印しなかった印紙の額面金額に相当する金額です（印法20条3項）。

　過怠税の徴収に当たり、過怠税の合計額が1,000円に満たないときには、1,000円とし（ただし、上記なお書の場合を除きます。）、賦課課税方式によって徴収されます（印法20条4項、国税通則法32条）。

4　申告納税方式に対する過怠税の不適用

　過怠税は、申告納税方式により納付される印紙税には適用されません。

　この場合には、他の国税と同様に国税通則法の規定に従って、処理されることになります。

〔参考〕過怠税を納付した企業等では、決算の際にはその納付した過怠税を販売費及び一般管理費などとして損益計算書等に計上することとなりますが、この過怠税については、所得税や法人税の所得計算上は必要経費や損金に算入することができないこととなっています（所得税法45条1項、法人税法38条2項）。

したがって、所得税や法人税の申告に当たっては、その納付した過怠税の金額全額（3倍の過怠税の場合は3倍の金額、1.1倍の過怠税の場合は1.1倍の金額）を、決算利益等に加算する調整（申告調整）を行う必要があります。

Ⅱ

税務調査官の視点からみる調査時のポイント

1　印紙税調査の概要

　印紙税は法人及び個人事業者のほか、サラリーマン等の一般個人も納税者となるケースがあり、調査の対象者が広範囲に及び、また、課税対象となる文書が多種多様である一方で、納税者自らがその作成する文書の課否を判定し、原則として、収入印紙を自ら貼付して消印することで納付が完結するという、自主納付制度が採用されています。

　このような印紙税の性格から、税務当局においては、できるだけ多くの納税者と効率的に接触し、印紙税のコンプライアンスの維持・向上を図ることが課題とされています。

　印紙税の調査は、所得税や法人税の調査のように、申告された所得金額が適正かどうかを確認するのとは異なり、①作成された文書が課税文書に該当するのか否か、②作成された課税文書に適正な金額の収入印紙が貼付されているか否かを確認するために実施されます。

　したがって、印紙税の調査では、①調査対象先となる企業等が日常業務で作成している文書の把握、②把握した文書の課否判定、③適正な印紙貼付等の有無の確認のため、他の税目の調査にはない調査手法が用いられることとなります。

2　印紙税の税務調査権限

　印紙税法では、作成される契約書などに正しく印紙が貼付されているか否かを調査できるよう、税務職員に対してその調査権限が与えられており、国税庁等の当該職員は印紙税に関する調査について必要があるときは、次に掲げる行為をすることができるとされています（国税通則法74条の5第1項5号）。

① 　印紙税法の規定による印紙税の納税義務がある者若しくは納税義務があると認められる者に対して質問し、これらの者の業務に関する帳簿書類その他の物件を検査し、又は当該物件の提示若しくは提出を求めるこ

と。
② 課税文書の交付を受けた者若しくは課税文書の交付を受けたと認められる者に対して質問し、当該課税文書を検査し、又は当該課税文書(その写しを含みます。)の提示若しくは提出を求めること。
③ 印紙税法第10条第1項(印紙税納付計器の使用による納付の特例)に規定する印紙税納付計器の販売業者若しくは同項に規定する納付印の製造業者若しくは販売業者に対して質問し、これらの者の業務に関する帳簿書類その他の物件を検査し、又は当該物件の提示若しくは提出を求めること。

〔参考〕印紙税納付計器の販売業者若しくは納付印の製造業者若しくは販売業者に対する質問検査は、例えば、印紙税の納税義務者に販売された納付計器の不具合が報告された場合など製造業者等への確認が必要となる場合や、納付印の印影の形式が財務省令の規定に合致しないなどで、納付印の印影が紛らわしいものや、偽造が疑われるといった印紙税法第16条(納付印の製造等の禁止)の規定に触れる可能性があるといった特殊な事案の場合に行われます。

3 印紙税調査の体系

印紙税調査の体系は、「印紙税単独調査」と、所得税や法人税等の調査の際に併せて実施する「印紙税同時処理」とに大別されます。

(1) 印紙税単独調査

「印紙税単独調査」は、印紙税についてのみ特化した調査を実施するもので、おおむね以下に掲げる者を調査対象者として実施され、調査の結果、印紙税の不納付などがあった場合には過怠税が賦課されることとなります。

① 原則として、資本金の額が1億円以上の法人、売上規模の大きい法人又は不納付文書等に係る資料情報がある者
② 使用済み印紙の再使用等、不納付の形態が悪質と認められる者、印紙

税の納税義務を十分に認識しながら意図的に納付を怠っていると認められる者など
③ 印紙税法第10条第1項（印紙税納付計器の使用による納付の特例）、第11条第1項（書式表示による申告及び納付の特例）、第12条（預貯金通帳等に係る申告及び納付等の特例）に規定する納付の特例を適用して申告・納付を行っている者など、多くの課税文書の作成を行っていると認められる者

(2) 印紙税同時処理

一方、「印紙税同時処理」は、所得税や法人税等の調査に併せて同時に実施されるものですから、上記（1）の①〜③の者以外の者であっても対象となり、課税文書に印紙の貼付がない場合などには過怠税の賦課徴収がなされます。

4 印紙税調査の所掌部署

印紙税の納税義務者に対する税務調査を適正・公平にかつ効率的に実施していくため、企業の規模の大小などに応じて、国税局又は税務署のいずれかの職員が担当することとなっています。

(1) 国税局職員が調査する納税者

国税局の職員が調査する企業は、原則として資本金50億円以上の大企業の会社や、資本金50億円未満の企業で国税局長が特に指定する企業（課税文書の作成が多量にあると見込まれる企業など）となります。

具体的な所掌部署は、各国税局の課税部（課税第二部）にある間接諸税担当調査部門又は消費税課（間税課）に所属する職員です。

(2) 税務署職員が調査する納税者

（1）以外の企業（国税局所管から署所管に所掌変えとなった企業なども含まれます。）に対しては、税務署の法人課税部門職員、個人課税部門職員、資産課税部門職員が担当しています。

5　調査の事前通知等の手続

(1) 事前通知と税理士の事務手続

　調査官は、国税通則法第74条の9（納税義務者に対する調査の事前通知等）の規定により、調査手続の透明性と納税者の予見可能性を高める観点から、他の税目同様に原則として事前通知を行います。

　なお、法令上の事前通知が必要となる税務代理人は、税理士法上の税務代理権限証書を提出している者とされていますが、同法上、印紙税については、税務代理の対象税目とはされていないことから、税理士であっても税務代理人となることはできません。

　したがって、印紙税単独調査の場合には、法令上、税理士への事前通知はなされず、納税者に対して直接通知が行われます。

　このため、税理士は納税者からの連絡によって印紙税の調査があることを知らされることとなりますから、調査官からの事前通知内容を、納税者から詳しく聞き取り、調査対応準備への的確なアドバイスを行う必要があります。

　また、印紙税同時処理においては、所得税や法人税の調査に併せて実施されるものであることから、事前通知の段階においては通知税目から除かれており、所得税や法人税の調査を遂行する過程で、印紙税の不納付文書が把握され印紙税についても調査が必要と判断された場合に、調査対象税目の追加ということで、調査官から納税者に対して調査通知がなされるのが一般的です。

(2) 書類の準備依頼

　大規模法人などへの単独調査の事前通知の際には、調査を効率的に実施するため、調査官から次に掲げる文書など、必要書類の事前準備の依頼がある場合がありますので、可能な限り事前に取り揃えて、効率的な調査に協力することが求められます。

① 　会社案内

② 会社組織図
③ 支店等の所在地一覧
④ 有価証券報告書又は決算書類
⑤ 事務規定（代表者印取扱規定、文書取扱規定、事務取扱マニュアル、社内通達、社内事務研修資料など）
⑥ 代表者印、部長印の捺印簿など
⑦ 収入印紙受払簿
⑧ 事務処理システム関係のマニュアルなど
⑨ 契約書、領収書などの様式集（ひな型集）など

6 印紙税調査の進め方

(1) 印紙税単独調査

　印紙税に特化した調査となるものであり、調査先企業が作成している文書や取引の相手先から受け取った文書を中心に、網羅的に掘り下げた調査が進められます。

　この印紙税単独調査により、課税文書となる文書に印紙が貼られていないことが把握された場合には、その文書の通数や交付先などの調査が行われ、最終的に過怠税の賦課決定が行われることとなります。

　印紙税単独調査の進め方は担当する調査官によって様々な手法で行われますが、おおむね次のような調査が行われています。

① 決算書類や稟議書などの帳簿書類から土地や建物、設備などの資産の売買状況や工事の実施状況などを把握し、それに関する契約書類や関連文書の作成状況、印紙の貼付状況を確認
② 社内規則、文書規程、様式集、事務マニュアル、印鑑捺印簿などから、契約書類や文書の作成状況を把握し、印紙の貼付状況を確認
③ 本店の総務、財務、経理などの管理部門や営業部門に加え、支店、営業所、工場などの現場での文書の作成状況を把握し、印紙の貼付状況を確認

④ 得意先などから交付を受けている文書を、各部署の重要書類綴り、証拠書類綴りなどから把握し、印紙の貼付状況を確認
⑤ 収入印紙の購入状況と使用状況を把握し、作成している文書数（課税文書数）に見合う使用状況かなどの大数観察などによる確認

(2) 印紙税同時処理

印紙税同時処理は、法人税や所得税などの税務調査の際に、併せて、印紙税についても同時に調査を実施するもので、契約書原本などへの印紙の貼付状況の確認調査が行われます。

上記（1）の印紙税単独調査に比べると、ピンポイントでの調査となり、網羅的に掘り下げた調査までには至らない場合が多いですが、不納付文書が把握された場合には、単独調査の場合と同様に過怠税の賦課徴収が行われます。

なお、同時処理調査の過程で、多数の不納付文書が把握された場合や対応が悪質な事例の場合などにおいては、印紙税の単独調査に切り替えて、掘り下げた調査を継続実施する場合もあります。

7 調査があった場合の事後是正の方法

印紙税は文書の作成の時までに収入印紙を貼り付けることとされており、法的に事後貼付は認められていません。

このため、印紙税の不納付事実（印紙の貼り漏れ）が発覚した場合は、所得税、法人税等のような修正申告といった是正手段はなく、納付しなかった印紙税の3倍又は1.1倍の過怠税が賦課決定されます。

(注) 申告納税方式（印法11条又は12条適用）の場合は、修正申告（又は更正の請求等）による是正となります。

(1) 3倍の過怠税の賦課徴収

印紙税の不納付文書には原則として3倍の過怠税が賦課徴収されますが、国税当局の税務運営においては、特に悪質な場合（例えば故意が介在する場合や収入印紙を再使用した場合など）に、3倍の過怠税が賦課徴収

されているようです。

　この場合、調査官が「印紙税不納付事実調査書」を作成する際に、これと複写で作成される「印紙税不納付事実確認証」について、その記載内容の事実の確認と署名・捺印を求められますので、納税者は内容を確認の上、間違いなければ署名・捺印することとなります。

　その後、税務署から「印紙税不納付事実確認証」に基づいて、「過怠税の賦課決定通知書及び納税告知書」が送付されてくるので、納付書により納税します。

　なお、共同作成文書の不納付の場合には、連帯納税義務となる契約の相手先にも同じ通知が行われることとなるので、留意する必要があります。

COLUMN　税務調査官の着眼点

悪質なため、3倍の過怠税が賦課徴収された事例

その1　契約書に押された消印の印影から見抜く！

　提示された契約書のコピーを眺めていた調査官は何となく違和感を覚えました。

　それは、契約書に貼り付けられている10万円の印紙と契約書の紙面とに押されている消印をじっくり眺めると、一般的に見られるような独特のズレの箇所がなく、印影がクッキリと鮮明になっていたからです。

　このため、調査官は契約書作成日前における収入印紙の購入記録についてチェックしましたが、10万円の印紙の購入記録は確認できませんでした。

　また、工事台帳や部長印捺印簿などから、10万円の印紙を貼り付ける必要があると思われる同時期の契約が6件ほど確認できたのですが、これに見合う10万円の印紙の購入記録もやはり認められませんでした。

　そこで、この点について代表者に対して質問し、契約書の原本の提示を粘り強く求めたところ、一瞬黙り込んだ代表者は観念したように大きなため息をつくと、次のような説明をしました。

　「契約書原本をコピー（1回目）して、そのコピーに印紙を置いた状態でコピー（2回目）し、そのコピーの印紙部分に消印をして、これをさらにコピー（3回目）したものを保管して、調査官には、『契約の相手方が原本を保管しており、当方は契約書の写しのみ保管管理している』と嘘を申し上げました。申し訳ありません」

　調査官は、代表者から原本の提示を受けて、収入印紙の未貼付を確認したのでした。

COLUMN　税務調査官の着眼点

悪質なため、3倍の過怠税が賦課徴収された事例

その2 使用済み収入印紙の再使用を見抜く！

　調査官が、契約書に貼り付けられている収入印紙を見ていると、消印が二重になっているもの、あるいは契約書の紙面との間に通常見られるズレとは違ったズレが認められるなど、いくつかの不審な点が認められ、何となくピンとくるものを感じました。

　そこで、印紙の購入記録や契約書の作成記録などの確認をしつつ、調査に対応してもらっている経理部門の担当者に「収入印紙を管理し実際に契約書への貼付を担当している者は誰ですか」と尋ねたところ、すべて専務（代表者の娘）が対応しているとのことでした。

　そこで、専務が帰社した際に、専務に対して、「印紙貼付の実際のところを教えてほしい」と尋ねたところ、「普通に貼っている」との回答の一点張りで、かたくなな態度に終始したため、粘り強く聞き役に徹しました。

　そして、調査3日目となって、会社に臨場したところ、専務が調査場所に現れて、「社長からの指示で、ずいぶん前から、契約期間が終了した契約書などに貼ってあった使用済みの印紙を剥がして、新規の契約書原本に貼付して再使用していました」との供述を得ました。

　そこで、調査官が、専務に机の引き出しを開けて見せてもらえるようお願いしたところ、引き出しの中から剥がされた使用済みの印紙が多量に出てきたのでした。

(2) 1.1倍の過怠税の賦課徴収

　1.1倍の過怠税は基本的には調査を受ける前の自主点検等で発覚し、不納付事実の申出を行う場合に賦課徴収されるものです。

　ただ、調査で不納付が発覚した場合であっても、国税当局から自主的な不納付事実の申出の慫慂（しょうよう）があり、これに応じて自主点検により「印紙税不納付事実申出書」を作成し、国税当局に提出を行った場合には、1.1倍の過怠税の賦課徴収がなされているようです（この場合も税務署から「過怠税の賦課決定通知書及び納税告知書」が送付されてきます。）。

　なお、「工事注文請書」や「領収証（レシート）」など、相手方に交付している文書については、文書の現物が手元にないことから、自主点検に当たっては、これらの控え綴りなどを用いて、作成数を確認していきます。

　この場合、過去の作成分でこれらの控え綴りの保管がないなどの理由で実数把握が難しい場合には、国税当局とも協議の上、サンプル調査などにより作成枚数を合理的に推計した上で、「印紙税不納付事実申出書」を作成することとなります。

〔参考〕過怠税の額は、本税相当部分を含めてその全額（3倍の過怠税の場合は「本税相当部分＋本税相当額×2倍」の額、1.1倍の過怠税の場合は「本税相当額＋本税相当額×0.1倍」の額）が法人税又は所得税の損金又は経費にはなりません。

8　印紙税と税理士業務

(1) 税理士の役割

　契約書や領収書の印紙税について、顧問先から税金のことだから税理士なら相談に乗ってくれるものだと考えて相談された経験をお持ちの方は、多数いらっしゃるでしょうし、印紙税の単独調査に限らず、他の税目との同時調査の際にも、印紙税についてはチェックされる項目となっていることから、調査への立ち会いなどを求められる場面も少なからず現実として見受けられるところです。

このように、実務上は税理士がサポートできなければならない税目になっていますから、印紙税法についての知識と判断力をも養っておく必要があるといえます。

　ただ、税理士法第2条（税理士の業務）第1項において、「税理士は、他人の求めに応じ、租税（印紙税、登録免許税、関税、法定外普通税（地方税法（昭和25年法律第226号）第10条の4第2項に規定する道府県法定外普通税及び市町村法定外普通税をいう。）、法定外目的税（同項に規定する法定外目的税をいう。）その他の政令で定めるものを除く。第49条の2第2項第10号を除き、以下同じ。）に関し、次に掲げる事務を行うことを業とする」とされ、印紙税法その他の一定の租税は税理士業務の対象税目から除かれています。

　このように、税理士が業務として関与できる税目に「印紙税」が入っていないため、顧問先の「印紙税に関する税務相談に乗れないのではないか」、「調査への対応はできないのではないか」と考えておられる税理士先生も多数いらっしゃることと思います。

　そこで、税理士法第2条第2項を見てみますと、「税理士は、前項に規定する業務（以下「税理士業務」という。）のほか、税理士の名称を用いて、他人の求めに応じ、税理士業務に付随して、財務書類の作成、会計帳簿の記帳の代行その他財務に関する事務を業として行うことができる」と規定されています。

　したがって、税理士が「納税義務者の求め」に応じて、その付随業務たる「財務に関する事務」として、印紙税に関する事務を行っている場合には、納税者を指導することは可能なのです。

　そして、調査への立ち会いなどの対応についてですが、上記のとおり、印紙税は税理士法上の税理士業務の対象から除かれているため、法人税等の税務代理人は印紙税の税務代理人とならないことから、国税当局からの印紙税調査の事前通知や調査結果の内容の説明は必ず納税義務者に対して直接行うこととされています。

ただ、実務上、税理士が「納税義務者の求め」に応じて印紙税に関する事務（財務に関する事務）を行っている場合には、調査担当者が必要と認めた範囲で、調査結果の内容の説明等の際に立ち会うことは認められていますので、税理士が調査に立ち会う場合には顧問先の納税義務者からの「事務委任状」を受領しておき、いつでも提示できるようにしておくことが必要と考えます。

※　顧問先の納税義務者に事前通知があった場合に、詳しい内容は事務代理人の税理士に連絡してもらうよう、顧問先から調査官に伝えてもらい、以後税理士が調査官に「事務委任状」を提示の上で、事務代理人の立場で調査官に対応することも可能と考えられますが、担当調査官にはその旨あらかじめ伝えて了承を得ておくことが必要と考えます。

〔参考〕税理士法基本通達第2条《税理士業務》関係
（税理士業務）
2－1　税理士法（以下「法」という。）第2条に規定する「税理士業務」とは、同条第1項各号に掲げる事務（電子情報処理組織を使用して行う事務を含む。）を行うことを業とする場合の当該事務をいうものとする。この場合において、「業とする」とは、当該事務を反復継続して行い、又は反復継続して行う意思をもって行うことをいい、必ずしも有償であることを要しないものとし、国税又は地方税に関する行政事務に従事する者がその行政事務を遂行するために必要な限度において当該事務を行う場合には、これに該当しないものとする。

（税理士業務の対象としない租税に関する事務）
2－2　法第2条第1項本文かっこ書及び税理士法施行令（以下「令」という。）第1条の規定により税理士業務の対象としない租税に関する事務は、法第2条第2項及び税理士法施行規則（以下「規則」という。）第21条に規定する財務に関する事務に含まれることに留意する。

(2) 印紙税の指導に当たっての視点

　顧問先の納税義務者への印紙税に係るアドバイスに当たっては、まずは、顧問先が作成する各種文書の存在、顧問先における文書管理の実情などを把握する必要があります。

　というのも、印紙税調査で、本社内での作成文書については、総務部や営業部などの各部署において基本的に把握しているのですが、支店や工場の現場において独自の様式により日々の取引に係る各種の文書が作成されている場合には、これらの文書の存在を本社の各部署で把握しきれていないために、不納付文書の指摘を受ける場合がまま見受けられるからです。

　また、顧問先から節税方法についてのアドバイスを求められる場合もあるかと思いますが、合法的な節税方法のアドバイスはよいのですが、行き過ぎた節税方法を指導した場合には後々の税務調査において問題が生ずる場合もありますから、慎重な対応に留意する必要があります。

　文書の記載内容に工夫を試みて、1つの課税事項は文書から記載をなくしたものの、生兵法で印紙税法上の他の号の課税事項は残ったままであることには気がつかずに、不納付を指摘されてかえって税負担が増してしまう場合なども見受けられます。

　例えば、請負契約書には契約金額を直接記載しないこととし、請負業者の作成した見積書を引用する形にしたところ、税務調査で「引用している見積書の内容は請負契約書に記載されているものとなる」として、結局見積書に記載されている見積金額が契約金額と認定され、多額の過怠税を納付することとなった事例などがあります。

　また、例えば、印紙税の税負担の軽減を意識するあまり、印紙税の課税事項の記載を省略化したり、表現ぶりを変えてみたりすることで、取引の相手方との契約関係が判然としない契約内容となってしまい、後日の紛争解決手段として契約書の役割が果たせないような文書となってしまう場合がまま見受けられます。

　したがって、税負担の軽減策のアドバイスを行うに当たっては、契約書

の本来の作成目的や契約当事者間で必要となる証明事項など、契約書の役割が何であるのかの視点を忘れることなく、その役割を十分に発揮できる内容となるようなアドバイスが当然に要求されるものと考えます。

　その上で、印紙税法上の課税事項に係る取扱いや、所属決定ルールなどを十分に認識し、これらのルールに基づいた節税策の検討を行っていくことが肝要と考えます。

III

税務調査で指摘される不納付事例と留意事項

Ⅲ 税務調査で指摘される不納付事例と留意事項

1 契約書の課税事項の把握誤りによる不納付事例

　契約書の記載内容が印紙税法上の課税事項に当たることの認識不足の場合や、課税事項の把握が必要という認識はあるものの、把握しきれていないことから、印紙税が不納付となっている場合があります。

　例えば、①契約書の表題が「賃貸借契約」となっていることから、土地の賃貸借以外は不課税と決め込んでいたために不納付となっていた事例や、②「〇〇委託契約書」となっている文書は、委任契約で不課税文書であると思い込んでいた事例、③その文書の中で、他の文書を引用しているものがあるが、引用文書に係る取扱いについて認識不足であったため、その文書に記載されている文言のみで課税事項になるかどうかを判断していたことから、不納付となっていた事例などが見受けられます。

　また、印紙税の対応を初めて任された担当者が、前任者からの引き継ぎを受けたものの、印紙税の知識が少ないこともあり、自らは作成された契約書の課税事項の把握までに至らず、前任者の対応をそのまま漫然と踏襲したため、過去からの契約書全てについて、調査官から不納付の指摘を受けた例なども見受けられています。

COLUMN 税務調査官の着眼点

グループ会社である子法人との契約書に印紙貼付がされていなかった事例
"課税文書だと思っていなかった"は通用しない

　よくある不納付の理由は、「課税文書だと思っていなかった」というもの。調査官の前でそのような理由は通用しません。

　親法人の調査において、グループ会社である子法人との間で交わされた契約書が多数把握されたものの、どの契約書にも印紙の貼付がされておらず、多額の過怠税を納付することとなった事例がありました。

　この事例の原因は、これまで同一法人の中の異なる部署間での社内連絡文書として作成していた文書が、組織再編によりこれまでの部署が子会社として独立したことから、それ以後はグループ会社間における契約書として作成されることとなったものの、担当者間においては、組織再編前の会社の内部文書と同じ感覚で取り扱われていたことにありました。

事例1　車両賃貸借契約書
賃貸借契約書と表記されていても運送に関する契約書に該当する事例

A株式会社は、B運輸株式会社に運送業務を依頼するに当たり、次のような文書を作成しています。

＜文書の内容＞

> **車両賃貸借契約書**
>
> 　A株式会社（以下「甲」という。）とB運輸株式会社（以下「乙」という。）とは、次のとおり車両の賃貸借契約を締結する。
>
> 第1条　乙は自己の所有する貸切バス2台をもって、甲の指示に基づき運送業務に従事する。
>
> 第2条　甲は乙に対して委託料月額1,080,000円（うち消費税80,000円）を支払うこととし、乙の請求に基づき、預金口座振込みにより翌月10日までに支払うこととする。
>
> 第3条　乙は、乙の責めに帰すべき事故により、甲に損害を与えた場合は、甲に対して賠償の責めを負う。
>
> （中略）
>
> 第7条　本契約の有効期間は、平成30年から向こう1か年とし、契約期間1か月前に甲乙から何らかの意思表示なき場合は、自動的に更に1か年更新する。その後においても同様とする。

A社の対応

　車両の賃貸借契約であり、印紙税の課税対象とはならないものと認識していた。そのため、印紙の貼付をしていない。

税務調査官の指摘事項

表題が賃貸借となっているが、A株式会社の依頼により、B運輸株式会社がバスを運行する契約であり、運送に関する契約書（第1号の4文書）に該当するとともに、運送に係る継続的取引の基本となる契約書（第7号文書）にも該当する。なお、契約金額（＝記載金額）は1,200万円（月額単価100万円×12月）となるので、運送に関する契約書（第1号の4文書）に所属決定となり、2万円の印紙税の納付が必要である。

解説

1 「運送」とは

運送人が貨物又は旅客の場所的移動を約し、委託者（運送依頼人）がこれに対して報酬（運賃）を支払うことを内容とする契約書は、運送に関する契約書（第1号の4文書）に該当することになります。

例：貨物輸送契約書、バス貸切り契約書、貨物運送引受書等

「運送」とは、当事者の一方（運送人）が、物品又は人の場所的な移動を約し、相手（運送依頼人）がこれに報酬（運送賃）を支払うことを約する契約ですから、それが営業として行われるものだけでなく、たまたま行われるものでも運送となります。

したがって、簡単な文書であっても運送の内容について記載され、それを証明するためのものであれば、第1号の4文書（運送に関する契約書）に該当することになります。

2 「賃貸借契約書」と表記されていても…

車両の貸切による運行契約であるため、「賃貸借契約書」と表記される場合が見受けられますが、その内容をみますと単なる乗用車やバスなどの賃貸契約ではなく、乗用車やバスなどによる貨物又は旅客の運送を約する内容となるものがあり、その場合は、運送に関する契約書に該当して課税文書となります。

3 課税文書の所属を決定する基準

ある文書が、印紙税の課税対象となるか、課税されるとしたらその税額はいくらか、ということは、文書が印紙税法別表第一の「課税物件表」のどの号に定められた文書になるか、ということによって決まってきます。

そこで印紙税法は、印紙税法別表第一の「課税物件表の適用に関する通則」（以下「通則」といいます。）に、課税文書の所属を決定する基準を定めて、課税物件表の2以上の号の課税事項を記載した文書については、1つの号に所属を決定した上で、所属することとなった号の印紙税のみを課税することとしています。

したがって、2以上の号の課税事項に対して、それぞれの号の課税額を合算して課税するものではなく、いずれか1つの号の課税文書に所属を決定した上で、その所属する号の税額のみの負担を求めることとなっています。

そのためには、その文書の所属する号について、最終的に1つの号に決定する必要があり、その具体的な方法が通則3で定められています。

4 第1号又は第2号文書の所属決定ルール（記載金額の有無）

通則3の中で、課税物件表の第1号又は第2号と第3号から第17号までの課税事項が記載された文書は、第1号又は第2号文書に所属が決定されます（通則3イ）。

ただし、第1号又は第2号文書で契約金額の記載がないものと第7号の課税事項が記載された文書については、第7号文書に所属が決定されます（通則3イただし書）。

したがって、第1号又は第2号文書で契約金額の記載があるものは、第1号又は第2号文書に所属が決定されることになります。

5 記載金額の計算ルール（契約期間の記載の有無）

ところで、月単位等で契約金額を定めている契約書で、契約期間の記載のあるものは、その月単位等での契約金額はあくまでも月額単価と評価され、この月額単価に契約期間の月数等を乗じて算出した金額が記載金額と

なりますが、契約期間の記載のないものは記載金額がないものとなります。

なお、契約期間の更新の定めがある契約書については、更新前の期間のみを記載金額算出の基礎とし、更新後の期間は考慮しないものとします（印基通29条）。

6 結論

事例の文書は運送に関する契約書（第1号の4文書）に該当するものであり、また、3か月を超えて継続する運送取引について、単価、対価の支払方法などを定めるものですから、継続的取引の基本となる契約書（第7号文書）にも該当するものです。

そうすると、上記4のとおり、運送契約に係る記載金額の有無により、所属の決定が分かれることになりますが、事例の文書においては、契約金額（＝記載金額）が算出できます（月額単価100万円×12月＝1,200万円）から、運送に関する契約書（第1号の4文書）に所属が決定されることとなり、2万円の印紙貼付が必要となります。

ADVICE 顧問先へのアドバイス

「車両賃貸借契約書」の第2条の規定を「委託料は、別途覚書で定める」として、具体的な月額単価の記載を省略することで、事例の契約書は契約金額（＝記載金額）のないものとなりますので、継続的取引の基本となる契約書（第7号文書）として4,000円の印紙税が課税される文書とすることができます。

そして、別途作成する「覚書」の中に、「本件業務にかかる業務委託料は、月額100万円とする」と記載する（「契約期間」は原契約で定めているので記載しない。）ことで、この「覚書」においては記載金額の計算ができません（原契約における「契約期間」は引用されません（印基通4条2項））から、結果、継続的取引の基本となる契約書（第7号文書）とし

て 4,000 円の印紙税負担とすることができます。

このように「車両賃貸借契約書」の「月額単価」と「契約期間」とを、「覚書」を作成して別々の文書に分けて記載することができれば、2 通の契約書の合計で 8,000 円の印紙税の負担に抑えることが可能となります。

なお、例えば、事例の月額の委託料が 40 万円の場合には、40 万円×12 月で、480 万円となり、この場合の印紙税額は「100 万円を超え 500 万円以下」に対応する 2,000 円となりますから、この場合は別途覚書を作成する必要がないことに注意します。

実務のポイントをつかむ

☑ **2 以上の号の課税事項を記載した文書の所属の決定**

① 課税物件表の第 1 号又は第 2 号と、第 3 号～第 17 号までの課税事項とが記載された文書は、第 1 号又は第 2 号文書に所属を決定する（通則 3 イ）。

② 第 1 号又は第 2 号文書で契約金額の記載がないものと第 7 号の課税事項とが記載された文書は、第 7 号文書に所属を決定する（通則 3 イただし書）。

③ ②の文書で、第 1 号又は第 2 号文書に係る契約金額の記載があるものは、第 1 号又は第 2 号文書に所属を決定する。

☞ 前述Ⅰの「第 4 文書の所属の決定 3 2 以上の号の課税事項を記載した文書の所属の決定」の(1)、(2)（47 頁）参照

☑ **月単位等で契約金額を定めている契約書の記載金額**

月額単価等で契約金額を定めている契約書で、契約期間の記載のあるものは、その月額単価等に契約期間の月数等を乗じて算出した金額が記載金額となり、契約期間の記載のないものは記載金額がないものとなる。

☞ 前述Ⅰの「第 5 記載金額 2 記載金額についての具体的な取扱い（12）

月単位等で契約金額を定めている契約書の記載金額」(58頁) 参照

事例2　不動産譲渡担保契約書
譲渡担保契約書が課税文書に該当する事例

A株式会社は、A株式会社がB株式会社に対して有する債権を担保するため、次のような文書を作成しています。

＜文書の内容＞

不動産譲渡担保契約書

債権者A株式会社（以下「甲」という。）と債務者B株式会社（以下「乙」という。）とは、甲が乙に対し有する債権を担保するため、末尾記載の不動産（以下「本件不動産」という。）について、次のとおり譲渡担保契約を締結する。

第1条　乙は、甲に対し、本契約日現在次の債務を負担していることを確認する。

　甲乙間の平成29年10月20日付消費貸借契約に基づく債務

　元金　　　金　5千万円

　利息　　　年　〇パーセント（遅延損害金　年〇パーセント）

　弁済期　　平成31年4月30日

第2条　乙は、甲に対し、本件債務の担保とするため本件不動産を譲渡し、甲はその所有権を譲り受けた。

第3条　乙は、甲に対し、本契約締結と同時に本件不動産について本日付譲渡担保を原因とする所有権移転登記手続をする。

2　前項の登記に要する費用は乙の負担とする。

第4条　乙は、甲に対し、本契約締結と同時に本件不動産を占有改定の方法により引き渡し、乙は以後甲のために本件不動産を代理占有し、善良なる管理者の注意をもって本件不動産を占有

する。

(中略)

〔目的物件〕　所在地　●●市△△町3丁目12番地　地積 200 m²

A社の対応

譲渡担保契約であり、不動産の譲渡とはならないと判断し、印紙の貼付はしていない。

税務調査官の指摘事項

譲渡担保物件が不動産であるため、不動産の譲渡に関する契約書（第1号の1文書）に該当し、契約金額（＝記載金額）は元本金額5,000万円となるので、印紙税1万円（軽減税率適用）の納付が必要である。

解説

1　譲渡する物件に応じた譲渡担保契約に係る取扱い

債権者に対する債務を担保するため、債務者が特定の物件を債権者に無償で譲渡しておき、債務の不履行があった場合には当該物件を処分等して債務の弁済に充てることとするとともに、履行期限が来るまで債務者（譲渡人）に当該物件を使用させることなどを内容とした契約書は、譲渡する物件に応じて次のとおりとなります。

① 不動産や無体財産権（著作権など）の場合は、不動産又は無体財産権の譲渡に関する契約書（第1号の1文書）に該当します。

② 債権の場合は、債権の譲渡に関する契約書（第15号文書）に該当します。

③ ①、②以外の物件の場合は、不課税文書となります。

なお、①、②の場合における文書の記載金額は、弁済により消滅することとなる債務の金額となります。

したがって、事例の文書の場合は、不動産の譲渡に関する契約書（第1号の1文書）に該当し、消費貸借契約における元本相当額5,000万円が記載金額となり、この金額に対して階級定額税率が適用されます。

なお、不動産の譲渡に関する契約書には、税率の軽減措置の特例（措法91条）が適用されるので、1万円の印紙貼付が必要となります。

2　再売買予約契約や買戻約款付売買契約の取扱い

譲渡担保契約に似た契約として、(1) 再売買予約契約、(2) 買戻約款付売買契約がありますが、その取扱いは次のとおりです。

(1) 再売買予約契約書

「再売買予約契約書」とは、売主がいったん自己の所有物を他人に売り渡して代金を受け取るが、その売り渡した目的物を、将来再び買主から売主に対して売り戻す旨の予約を内容とする文書のことです。

① 再売買の目的物が不動産である場合は、不動産の譲渡に関する契約書（第1号の1文書）に該当します。

② 再売買の目的物が物品である場合は、不課税文書となります。

再売買の予約は、買戻約款付売買の一種であり、買戻し（民法579条）と同様に、担保の作用を果たしつつ、融資を受ける方法です。

再売買予約契約書は、当初の売買契約に併せて作成される場合と、当初の売買契約と切り離して別個に作成される場合とがありますが、前者の契約書の場合には、「当初の売買」と「再売買の予約」のそれぞれの契約金額がある場合、その合計金額が記載金額となります。

(2) 買戻約款付売買契約書

「買戻約款付売買契約書」とは、例えば、不動産を担保とする消費貸借契約において、当該不動産を貸主たる者に譲渡し、借主たるべき者がその代金を受領する形式をとる場合に作成する契約書ですが、不動産の譲渡に関する契約書（第1号の1文書）に該当します。

その内容は、通常「イ　当初の不動産の売買契約」、「ロ　買戻しができる旨の契約（すなわち不動産の売買契約の予約）」、「ハ　買戻しまでの間

の不動産の賃貸契約」からなり、記載金額については、上記（**1**）の再売買予約契約書と同じ扱いとなります。

3　法人税、所得税、消費税の取扱いとの関係

　なお、参考までに、法人税、所得税、消費税の取扱いでは、譲渡担保として固定資産を譲渡した場合に、所定の要件に合致し、所要の経理を行っている場合には、その譲渡はなかったものとするという取扱いがあります（法基通2－1－18、所基通33－2、消基通5－2－11）が、この取扱いの適用がある場合であっても、印紙税の取扱いには影響しません。

ADVICE　顧問先へのアドバイス

　法人税等の取扱いの確認後には、作成した契約書について、改めて印紙税の観点からその取扱いを確認するよう助言します。

実務のポイントをつかむ

☑ 譲渡担保契約に係る取扱い

① 　不動産や無体財産権（著作権など）の場合
　⇒不動産又は無体財産権の譲渡に関する契約書（第1号の1文書）に該当

② 　債権の場合
　⇒債権の譲渡に関する契約書（第15号文書）に該当

③ 　上記①②以外の物件の場合
　⇒不課税文書となる。

事例3	注文請書 作成文書中で引用する他の文書に記載された事項が、作成文書の記載事項とされ課税文書となる事例

　A株式会社は、B販売株式会社から○○機械装置の発注を受け、次のような文書を作成しています。

＜文書の内容＞

注　文　請　書

平成30年3月31日

B販売株式会社　殿

A株式会社　㊞

下記のとおりお請けいたします。

品　名	数量	納　期
○○機械装置（NO.207854）	一　式	平成30年5月20日

　代金、受渡条件等は、平成30年3月10日付注文書NO.2345記載のとおり。

〔参考〕

注　文　書　　　NO.2345

平成30年3月10日

A株式会社　殿

1 契約書の課税事項の把握誤りによる不納付事例

```
                                B販売株式会社  ㊞
    下記のとおり注文いたします。
```

品　名	数　量	納　期
○○機械装置（NO.207854）	1基	平成30年5月20日
据付・試運転調整付		

```
  1  代金は、据付・試運転調整費込み一式　20,000,000円
  2  受渡場所、受渡条件　▲▲工場○○棟（据付引き渡し）
```

A社の対応

注文請書は○○機械装置（動産）の売買契約書となるものであり、不課税文書と判断し、印紙の貼付はしていない。

税務調査官の指摘事項

注文書を引用することで、○○機械装置の売買契約とともに、据付工事と調整作業という請負契約も伴う注文請書であるから、第2号文書（請負に関する契約書）に該当し、その契約金額（＝記載金額）も、注文書を引用していて明らかであるため、注文書記載の2,000万円となる。

なお、据付工事については、軽減税率の適用があるので、1万円の印紙貼付が必要である。

解説

1　他の文書を引用している文書の取扱い

ある文書に原契約書、規約、約款、見積書、注文書等の文書を引用することが記載されている場合は、引用されている他の文書の内容は、その文書に記載されているものとして判断されます（印基通4条1項）。

なお、記載金額と契約期間については、印紙税法が「当該文書に記載さ

れた金額」、「契約期間の記載のあるもの」というように、原則として、その文書に記載された金額及び契約期間をいうことを明らかにしていますので、たとえ引用されている他の文書の内容を取り入れると金額及び期間が明らかとなる場合であっても、その文書には記載金額及び契約期間の記載はないことになります（印基通4条2項）。

　ただし、第1号文書（不動産の譲渡契約書等）、第2号文書（請負に関する契約書）及び第17号の1文書（売上代金に係る金銭又は有価証券の受取書）については、文書に具体的な金額の記載がない場合であっても、印紙税法別表第一の「課税物件表の適用に関する通則」（以下「通則」といいます。）4ホ(2)又は(3)の規定により、記載金額があることになる場合があります（印基通4条2項注書）。

2　引用している他の文書の契約金額がその文書の記載金額となる場合

　事例の「注文請書」には注文書を引用した記載があるので、請負契約に係る事項が含まれていることが明らかとなり、第2号文書（請負に関する契約書）に該当します。

　そして、この場合は、印紙税法基本通達第4条第2項の注書の適用がありますから、通則4ホ(2)の規定により、引用している「注文書」に記載されている契約金額が、この「注文請書」に記載された契約金額として取り扱われることとなります。

　なお、「注文書」に記載されている契約金額は、○○機械装置（動産）の売買金額と、据付・試運転調整費の金額とが、明確に区分記載されていないことから、その合計金額が記載金額となりますから留意が必要です。

3　結論

　したがって、事例の文書の記載金額は注文書記載の2,000万円となり、税率の軽減措置の特例（措法91条）が適用されるので、1万円の印紙貼付が必要となります。

1 契約書の課税事項の把握誤りによる不納付事例

ADVICE
顧問先へのアドバイス

○○機械装置（動産）の売買金額と、据付・試運転調整費の金額とを、明確に区分記載することで、据付・試運転調整費の金額のみを、第2号文書（請負に関する契約書）の記載金額とすることができます。

例えば、「○○機械装置 15,000,000 円、据付・試運転調整費等一式 5,000,000 円、合計 20,000,000 円」と記載することで、据付・試運転調整費等一式部分の契約金額 500 万円が記載金額となり、1,000 円（軽減税率適用）の印紙税納付にとどめることができます。

実務のポイントをつかむ

☑ 他の文書を引用している文書の判断

① 作成文書の中で、作成文書以外の他の文書を引用する旨の文言の記載がある場合は、引用されている他の文書の内容がその文書に記載されているものとして判断する（印基通4条1項）。

☞ 前述Ⅰの「第2 課税範囲 2 課税文書に関する基本的事項 (2) 他の文書を引用している文書の判断」（9頁）参照

② 記載金額及び契約期間については、原則として、その文書に記載された金額及び契約期間をいう。ただし、第1号文書（不動産の譲渡契約書等）、第2号文書（請負に関する契約書）及び第17号の1文書（売上代金に係る金銭又は有価証券の受取書）については、引用している他の文書により記載金額があることになる場合がある（印基通4条2項注書）。

☞ 前述Ⅰの「第5 記載金額 2 記載金額についての具体的な取扱い」の(5)（56頁）参照

事例4	**業務委託契約書（電子計算業務）** 成果物の納入に対して対価を支払う業務委託契約書が請負契約書とされる事例

　A株式会社は会計事務の業務を、B株式会社に委託をするため、次のような文書を作成しています。

＜文書の内容＞

　　　　　　　　　　業務委託契約書

　A株式会社（以下「甲」という。）とB株式会社（以下「乙」という。）との間において、甲の業務を乙の保有する電子計算組織によって処理するに当たり、次の条項に基づき業務委託契約を締結する。

第1条　甲は、次に定める業務（以下「委託業務」という。）の全部又は一部を乙に委託し、乙はこれを受託する。
　(1)　甲の給与計算代行業務並びにそれに付随する一切の業務
　(2)　甲の年末調整事務並びにそれに付随する一切の業務
　(3)　甲の指定する経理帳票等の作成業務
　(4)　その他甲乙協議の上決定された業務
第2条　甲は、前条に掲げる委託業務については、成果物納品の20日前までに乙に発注するものとし、それ以外のものについては、スケジュール、内容、実施方法等の詳細については、甲乙協議の上決定し、必要に応じて仕様書、手順書等を作成するものとする。

　　　　　　　　　　（中略）

第5条　業務の委託料は、月額30万円（消費税抜き）とし、甲は、毎月末に前月分の委託料を、乙の指定する銀行に振り込む

ものとする。

(中略)

第10条　本契約の有効期間は、平成30年4月1日より、満2か年とする。ただし、期間満了の3か月前までに甲乙いずれもが別段の意思表示をしない場合は、引き続き同一の条件をもって、契約を更新する。

本契約を証するため本契約書2通を作成し甲乙記名捺印の上各1通を保有する。

平成30年3月31日

　　　　　　　　　　　　　　　甲　A株式会社　㊞
　　　　　　　　　　　　　　　乙　B株式会社　㊞

A社の対応

業務委託は委任契約であり、請負契約とはならないものと認識していたため、印紙の貼付はしていない。

税務調査官の指摘事項

成果物の納品に対する対価の支払について約定する内容となっており、請負に関する契約書（第2号文書）に該当する。記載金額は720万円（月額単価30万円×24月）となるので、1万円の印紙貼付が必要である。

解説

1　委任か請負かの判断

委任か請負かの判断は難しい面がありますが、一般に、仕事の内容が特定していて、報酬の支払が仕事の結果と対応関係にあるものは請負と、また、仕事の内容が相手方の処理に委ねられていて、仕事の成否の有無を問わずに報酬が支払われるものは委任と解釈されています。

したがって、請負は仕事の完成が目的であり、委任は一定の目的に従って事務を処理すること自体が目的であり、委任は、結果よりも内容に期待するものといわれています。

この文書は、他の者に会計事務を電算処理させ、その成果物の提出に対して報酬を支払うというものとなっており、電算処理した結果を期待して報酬を支払うものとなっていますから、報酬の支払が仕事の結果と対応関係にあり、単に入力等の補助事務の遂行を委託するものではないことから、請負契約と判断されます。

2　所属の決定

事例の文書は、請負に関する契約書（第2号文書）と継続的取引の基本契約書（印紙税法施行令第26条第1号該当の第7号文書）とに同時に該当することとなりますが、契約金額がありますので、第2号文書に所属が決定され（通則3イ）、記載金額に応じて1万円の印紙税の負担となります。

〔参考〕　上記「印紙税法施行令第26条第1号該当」の要件については、前述Ｉの「第2　課税範囲　4　課税文書の取扱い（主な課税文書の概要）(3)　第7号文書」(28頁)を参照してください。

ADVICE 顧問先へのアドバイス

月額の請負金額（月額単価）を、別途「覚書」を作成して定めることとし、本契約書上では月額の請負金額（月額単価）を明記しないこととすれば、

① 本契約書は第7号文書　⇒4,000円の印紙貼付
② 別途作成する覚書には、月額請負単価のみ定め、契約期間を記載しないことにすれば、継続的取引の基本となる契約書となり、第7号文書　⇒4,000円の印紙貼付

となるので、2通合計でも8,000円の印紙貼付にとどめることが可能です。

なお、例えば、事例の月額請負単価が月額で20万円の場合には、20万円×24月で、480万円となり、この場合の印紙税額は「300万円を超え500万円以下」に対応する2,000円となりますから、この場合は別途覚書を作成する必要がないことに注意します。

実務のポイントをつかむ

☑ **委任と請負の区分判定**

仕事の完成が目的で成果物に対して対価が支払われるものは「請負」、他人の専門知識を信頼して事務処理を依頼するもので、結果よりも事務処理の内容に期待するものは「委任」と判定する。

☞前述Ⅰの「第2　課税範囲　4　課税文書の取扱い（主な課税文書の概要）(2) 第2号文書」(25頁) 参照

Ⅲ 税務調査で指摘される不納付事例と留意事項

| 事例 5 | 物品供給契約書
発注者の仕様書等に基づく物品供給契約書が請負契約書となる事例 |

A株式会社は、B大学法人から物品供給の依頼を受け、次のような文書を作成しています。

＜文書の内容＞

物品供給契約書

A株式会社（供給者）とB大学法人（発注者）とは、次のとおり物品の供給契約を締結する。

第1条　供給者は、発注者に対し下記の物品の供給を行うものとする。

　　品名▲▲顕微鏡装置（一式）

　　　※搬入、据付、配線、配管、調整一式を含む。

　　代金　金 43,200,000 円（うち消費税等 3,200,000 円）

第2条　物品は、発注者指定の□□の場所に納入するものとする。

第3条　物品の納入期限は、平成30年7月31日とする。

第4条　この契約において、供給者が履行すべき給付内容は、発注者の仕様書及び供給者が入札に提出した入札機器の技術仕様書その他の書類で明記されたものとする。

（以下略）

（ A社の対応 ）

物品の供給（売買）契約書であるので、印紙税の不課税文書と判断し、

印紙貼付はしていない。

> **税務調査官の指摘事項**

　表題が「物品供給」契約とあっても、契約内容から、特注品の製造請負と物品搬入後の据付、配線、配管、調整一式を含む請負契約と認められることから、請負に関する契約書（第2号文書）に該当する。

　契約金額（＝記載金額）は供給物品を含む一式の代金4,000万円（4,320万円−消費税等320万円）となるので、1万円（軽減税率適用）の印紙貼付が必要である。

> **解説**

1　課税文書である請負契約と不課税文書である物品の譲渡契約

　物品の売買契約の場合には、継続する2以上の取引に係る売買契約となるもので、継続的取引の基本となる契約書（第7号文書）になるものを除いては、不課税文書になります。

　ところで、大型機械の売買契約などでは、据付工事や組立てを伴う場合、注文に基づき自己の材料で物品を製作して引き渡す場合（いわゆる製作物供給契約）などがありますが、課税文書である請負契約となるのか、不課税文書である物品の譲渡契約となるのか、疑義が生ずるところです。

　物品などの移転が請負契約によるものなのか、売買契約によるものなのかによって、印紙税の負担に差が生じてきますので、この判断も重要となってきます。

　そこで、契約当事者の意思が、仕事の完成に重きをおいているのか、物の所有権移転に重きをおいているのかによって、請負か売買かを判断することとされています。

2　請負と売買の判断基準

　しかし、具体的な取引においては、必ずしもその判別が明確なものばかりとはいえません。したがって、印紙税法の取扱いでは、その判別が困難

な場合には、次のような基準で判断することにしています（印基通別表第一第2号文書の2）。

(1) 請負契約に該当するもの

① 注文者の指示に基づき一定の仕様又は規格等に従い、製作者の労務によって工作物を建設することを内容とするもの
　⇒家屋の建築、道路の建設、橋りょうの架設など

② 注文者が材料の全部又は主要部分を提供（有償、無償を問いません。）し、製作者がこれによって一定物品を製作することを内容としたもの
　⇒生地提供の洋服の仕立て、材料支給による物品の製作など

③ 製作者の材料を用いて注文者の設計又は指示した規格等に従い一定物品を製作することを内容とするもの
　⇒船舶・車両・機械・家具等の製作、洋服等の仕立てなど

④ 一定物品を一定の場所に取り付けることによって所有権を移転することを内容とするもの
　⇒大型機械の取付け、据付け調整など

⑤ 修理又は加工を内容とするもの
　⇒建築・機械の修繕、塗装

(2) 売買契約に該当するもの

① 一定物品を一定の場所に取り付けることによって所有権を移転することを内容とするものであるが、取付行為が簡単であって、特別の技術を要しないもの
　⇒テレビを購入した時のアンテナの取付けや配線など

② 製作者が工作物をあらかじめ一定の規格で統一し、これにそれぞれの価格を付して注文を受け、当該規格に従い、工作物を製作し、供給することを内容とするもの
　⇒建売住宅の供給（不動産の譲渡契約となる）など

③ あらかじめ一定の規格で統一された物品を、注文に応じ製作者の材料を用いて製作し、供給することを内容とするもの

⇒カタログ又は見本による機械、家具等の製作など

3　結論

　事例の文書の内容は、発注者からの仕様書に基づく物品製作であるとともに、搬入後の据付・調整工事などが一体となるものですから、物品の製作部分は上記2（1）③に、据付工事等の部分は上記（1）④に該当しますから、全体が請負契約と判定されることとなります。

　したがって、記載金額は供給物品を含む一式の代金 4,000 万円となり、建設工事の請負に係る契約に基づき作成される請負に関する契約書には、税率の軽減措置の特例（措法 91 条）が適用されるので、1 万円の印紙貼付が必要となります。

ADVICE　顧問先へのアドバイス

　供給する物品が、例えば、供給者側が示すカタログに載る規格品である場合（上記2（2）③に該当する場合）には、供給する物品の価格と、据付・調整代金とを、明確に区分して記載することで、据付・調整代金のみを請負契約における契約金額（＝記載金額）とすることができます。

実務のポイントをつかむ

☑ 請負と売買の判断基準

　物品の売買契約の場合、継続する売買契約で第 7 号文書になるものを除き、原則として不課税文書となる。請負契約か売買契約かの判断基準は、上記2のとおりとなる（印基通別表第一第 2 号文書の 2）。

☞前述Ⅰの「第 2　課税範囲　4　課税文書の取扱い（主な課税文書の概要）（2）第 2 号文書」（25 頁）参照

事例6　建物設計及び建築請負契約書
同一の号の課税事項に係る記載金額が併記された契約書の事例

　A不動産株式会社は、B建設株式会社に建物の設計及び建築に関する依頼をするため、次のような文書を作成しています。

＜文書の内容＞

建物設計及び建築請負契約書

　A不動産株式会社（以下「甲」という。）とB建設株式会社（以下「乙」という。）とは、建物建築に関して以下のとおり約定する。

第1条
1　甲は乙に対し、末尾記載のビルディングの建築に必要な設計図書の作成を依頼し、乙はこれを承諾した。
2　乙は本契約締結の日から〇日以内に甲に設計図書を提出し、承認を受けるとともに、甲と協力して建築確認の手続を行う。
3　甲は乙に対し、前項の設計図書に基づき下記ビルディングの建設工事を注文し、乙はこれを完成することを約した。
4　建物の敷地（末尾記載）は甲において提供し、建築工事に要する一切の材料及び労力は乙が提供するものとする。

第2条
　　乙は甲が建築確認通知書を受領した時から〇日以内に建築工事に着手し、工事着手の日から〇日以内にこれを完成し、完成の日から〇日以内に甲に引き渡すものとする。

第3条
1　甲は建築請負代金は金5億円（消費税等の額を除く。）を乙に

1　契約書の課税事項の把握誤りによる不納付事例

対して支払うものとする。
2　甲は設計図書代金5千万円（消費税等の額を除く。）を、第1条第2項の承認後、速やかに乙に支払うものとする。
（中略）
この契約の成立を証するために本契約書2通を作成し、各自署名押印の上各1通を所持する。
　平成30年2月1日　　　　　　　A不動産株式会社　㊞
　　　　　　　　　　　　　　　B建設株式会社　　㊞
　ビル所在地：○○市○○区○○○○　▲▲ m²
　　　　　　（○○ビル　10階建1棟）

A社の対応

建物の建築請負契約で、その契約金額は5億円となり、6万円の印紙を貼付している（設計図書の作成は、請負契約とは別の物品買取契約とみて不課税と判断した。）。

税務調査官の指摘事項

建築請負はもとより、建築に際しての設計図書の作成も請負契約に該当し、契約金額は合計金額の5億5,000万円となるので、16万円（軽減税率適用）の印紙貼付（不納付10万円）となる。

解説

1　設計図書の作成は「請負」に該当するか

「請負」とは、当事者の一方（請負者）がある仕事の完成を約し、相手方（注文者）がその仕事の結果に対して報酬を支払うことを内容とする契約をいい、民法第632条《請負》に規定する「請負」のことをいいます（印基通別表第一第2号文書の1）。

119

この「請負」は、完成された仕事の結果を目的とする点に特質があり、仕事が完成されるならば、下請負に出してもよく、その仕事を完成させなければ、債務不履行責任を負うような契約です。

請負の目的物には、家屋の建築、道路の建設、橋りょうの架設、洋服の仕立て、船舶の建造、車両及び機械の製作、機械の修理のような有形なもののほか、シナリオの作成、音楽の演奏、舞台への出演、講演、機械の保守、建物の清掃のような無形のものも含まれます。

したがって、工事の注文者が建築業者などに対して、建築物の建設工事実施のために必要な設計図書（図面及び仕様書）の作成を委託し、完成した設計図書を受領し、建築業者などに対して対価を支払うものも、請負契約となります。

2 建設工事請負契約書に係る税率の軽減措置の特例

平成26年4月から平成32年（2020年）3月31日までの間に作成される不動産譲渡契約書及び建設工事請負契約書のうち、前者は10万円超、後者は100万円超の契約金額のものは、20％〜50％の印紙税が軽減されています（措法91条）。

軽減措置の対象となる「建設工事請負契約書」とは、建設業法第2条第1項に規定する建設工事の請負契約書ですが、ここでいう「建設工事」とは、土木建築に関する工事の全般をいいますが、建設工事に該当しない建物の設計、建設機械の保守、船舶の建造、家具の制作などは、軽減措置の対象にはなりません。

なお、建設工事の請負に係る契約に基づき作成される契約書であれば、その契約書に建設工事以外の請負に係る事項、例えば、建物の設計に係る事項が併記されていても、その合計額が軽減税率の対象となります（通則4イ）。

〔参考〕上記「建設工事請負契約書に係る税率の軽減措置の特例」については、前述Ⅰの「第3　課税標準と税率　2　税率の軽減措置」（43頁）を参照してください。

3 結論

したがって、建築請負はもとより、建築に際しての設計図書の作成も請負契約に該当し、契約金額は合計金額の5億5,000万円となり、税率の軽減措置の特例（措法91条）が適用されるので、16万円の印紙貼付が必要となります。

ADVICE 顧問先へのアドバイス

本事例の場合は、建設工事の請負と設計図書の作成請負という2つの内容を別々の文書に分けて作成した方が印紙税の負担は少なくなります。

すなわち、契約金額5億円の建築請負の部分は、軽減税率が適用され、印紙税額は6万円、契約金額5,000万円の建物設計の部分は、軽減税率は適用されませんが、印紙税額は2万円ですから、2つ合わせても8万円となるからです。

これは、第2号文書の税率が、階級定額税率となっているからであり、同じ第2号文書に係る2以上の課税事項を約定する場合は、それぞれの課税事項に係る文書に分割した方が有利になります。

実務のポイントをつかむ

☑ **同一の号の課税事項に係る記載金額が2以上ある場合**

　1通の文書に、2以上の記載金額があり、かつ、これらの金額が課税物件表の同一の号の課税事項に係るものである場合には、これらの金額の合計額はその文書の記載金額となる（通則4イ）。

☞前述Ⅰの「第5　記載金額　2　記載金額についての具体的な取扱い」の(1)（55頁）参照

☑ **同一の号の課税事項に係る記載金額が２以上ある場合の軽減税率の適用**

上記の場合は、その記載金額（合計額）に対して軽減税率が適用される。

例：建物648万円（うち消費税48万円）、定期借地（賃借）権400万円、合計1,048万円と記載した「定期借地権付建物売買契約書」

⇒記載金額1,000万円の第1号の1文書、印紙税額5,000円

☞前述Ⅰの「第3　課税標準と税率　2　税率の軽減措置　(3) 同じ号に係る他の課税事項が併記された契約書」(44頁)参照

事例7

不動産売買契約書（コピー文書）
コピー文書に原本の写しであることを記載証明した場合に課税文書となる事例

　A不動産株式会社は、土地の売買に関する契約書をコピーして、その余白に次のとおり正本等と相違のないことを記載して、契約の相手方である甲林五郎に交付しています。

＜文書の内容＞

コピー

不動産売買契約書

　売主「甲林五郎」と買主「A不動産株式会社」とは、甲林五郎の所有する土地の売買に関して、下記条項について合意をみたので、各自記名押印の上、本書1通を作成する。

記

1　土地の所在　▲▲市●●町××丁目10番地　（地積100坪）
2　売買価格　　50,000,000円とする。

（中略）

平成30年2月15日

　　　　　　　　　　　　　（売主）甲　林　　五　郎　㊞
　　　　　　　　　　　　　（買主）A不動産株式会社　㊞

　本書は、平成30年2月15日に締結した不動産売買契約書の写しに相違ないことを証明する。

　平成30年2月15日　　A不動産株式会社
　　　　　　　　　　　　　代表取締役　　○○　○○　㊞

A 社の対応

契約書のコピーを相手方に所持してもらうものなので、この文書には印紙税はかからないものと認識していた。そのため、印紙の貼付はしていない。

税務調査官の指摘事項

契約書のコピー（写し）ではあるが、そのコピー（写し）に契約当事者であるA不動産株式会社が原本の写しであることを証明し、契約の相手方に交付するものであるから、契約書に該当する。不動産の譲渡に関する契約書（第1号の1文書）となり、記載金額は5,000万円なので、1万円（軽減税率適用）の印紙貼付が必要となる。

解説

単なる控えとするための写し、副本、謄本等は、原則として課税文書にはなりませんが、写し、副本、謄本等であっても、契約当事者の双方又は契約の相手方の署名押印があるもの、あるいは、正本等と相違ないこと、又は、写し、副本、謄本等であることの契約当事者の証明（正本等との割印があるものを含みます。）があるもの（文書の所持者のみが証明しているものは除かれます。）など、契約の成立を証明する目的で作成されたことが文書上明らかである場合には、課税文書になります（印基通19条2項）。

すなわち、印紙税は、契約が成立したという事実を課税対象とするのではなく、契約の成立を証明する目的で作成された文書を課税対象とするものですから、1つの契約について2通以上の文書が作成された場合であっても、その2通以上の文書がそれぞれ契約の成立を証明する目的で作成されたものであるならば、全て印紙税の課税対象になります（印基通19条1項）。

つまり、契約当事者の一方が所持するものには正本又は原本と表示し、他方が所持するものには、写し、副本、謄本等という表示をしても、それが契約の成立を証明する目的で作成されたものであるならば、正本又は原本と同様に印紙税の課税対象になります。

したがって、事例の文書は、不動産の譲渡に関する契約書（第1号の1文書）となり、記載金額は5,000万円なので、税率の軽減措置の特例（措法91条）が適用されて、1万円の印紙貼付が必要となります。

ADVICE 顧問先へのアドバイス

可能であれば、証明文言や署名・押印は省略し、単なるコピー文書を一方が保管することとします。

なお、事例の文書が合意時点での仮のものであって、後日正式な契約を結ぶこととしている場合には、二重の税負担を回避する意味でも、後日の正式文書の中で売買金額を明らかにするなどにより、負担を和らげることができます。

実務のポイントをつかむ

☑ **契約書の写しなどの取扱い**

契約書の写し、副本、謄本であっても、契約当事者の署名又は押印のあるもの、正本等と相違のないことの証明があるもの、あるいは正本と割印がされているもの等については、課税文書に該当する（印基通19条2項）。

☞前述Ⅰの「第2　課税範囲　3　契約書に係る基本的事項　(2)契約書の写しなどの取扱い」（13頁）参照

事例8 業務委託契約書（通信販売受注業務）
継続的な売買に関する業務の委託契約書が課税文書に該当する事例

株式会社Aは、株式会社Bに通信販売の受注業務を委託するに当たり、次のような文書を作成しています。

＜文書の内容＞

業務委託契約書

株式会社A（以下「甲」という。）と株式会社B（以下「乙」という。）とは、甲が乙に委託する業務に関して次のとおり契約を締結する。

第1条　（業務内容）

乙は、甲の通信販売業務に関する所定のマニュアルに従って、甲の取扱商品の受注及び受注に伴い発生する問い合わせについての受付業務を実施する。

第2条　（業務委託料）

(1) 月額業務委託基本料金　1,500,000円（基本コールを1000本とする。）

(2) 超過業務料金　一本500円（基本コール数を超過した一本当たり）

(3) フリーダイヤル通話料　実費請求

第3条　（業務委託料の支払方法）

乙は甲に対し、毎月20日締めで請求書を発送し、甲は請求書に基づき翌月末日までに乙指定の銀行口座に振り込むものとする。

（中略）

第10条　（契約期間）
　　平成30年4月1日から平成31年3月31日までとし、甲・乙いずれかが異議を申し出ない場合には、更に1年間延長する。
　　平成30年3月31日

　　　　　　　　　　　　　　　　　　　　株式会社A　㊞
　　　　　　　　　　　　　　　　　　　　株式会社B　㊞

A社の対応

通信販売業務の一部を委託する契約であり、委任に関する契約書に当たることから、印紙税はかからないものと認識していた。そのため、印紙の貼付はしていない。

税務調査官の指摘事項

販売商品の受注業務（売買に関する業務）を委託するもので、委託する業務及び対価の支払方法を定めており、継続的取引の基本となる契約書（第7号文書）となるので、4,000円の印紙貼付が必要となる。

解説

1　「売買に関する業務の委託」とは

第7号文書の「継続的取引の基本となる契約書」とは、特定の相手方との間に継続的に生ずる取引の基本となるもののうち、印紙税法施行令第26条で定めるものをいうこととされており、その1つとして、印紙税法施行令第26条第2号において、「代理店契約書、業務委託契約書その他名称のいかんを問わず、売買に関する業務、金融機関の業務、保険募集の業務又は株式の発行若しくは名義書換えの事務を継続して委託するため作成される契約書で、委託される業務又は事務の範囲又は対価の支払方法を定めるもの」と規定されています。

したがって、印紙税法施行令第26条第2号に該当して第7号文書（継続的取引の基本となる契約書）になるものは、次に掲げる2つの要件を満たすものです。

① 売買に関する業務、金融機関の業務、保険募集の業務又は株式の発行若しくは名義書換えの事務を委託するために作成される契約書であること。

なお、ここでいう「売買に関する業務の委託」とは、売買に関する業務の全部又は一部を包括的に委託することをいいますので、特定の物品等の販売又は購入を委託する「売買の委託」（印令26条1号）とは区別して考えなければなりません（印基通別表第一第7号文書の7）。

具体的には、販売施設を所有している者が、そこにおける販売業務を委託する場合、販売店の経営そのものを委託した場合、さらには業務の一部である集金業務、仕入業務、在庫管理業務等を委託した場合等がこれに含まれることになります。

② 継続して委託される業務又は事務の範囲又は対価の支払方法を定めるものであること。

具体的な例としては、販売代理店契約書、食堂経営委託契約書、金融業務委託契約書、保険代理店契約書等がこの契約書に該当してきます。

(注) 1　印紙税法施行令第26条第2号の文書は同条第1号の文書と違って、「営業者間」における契約でなくても課税対象となります。

　　　2　契約期間の記載のあるもののうち、その契約期間が3か月以内であり、かつ、更新に関する定めのないものは、第7号文書の「継続的取引の基本となる契約書」には該当しません。

2　結論

事例の文書は業務委託契約であり、確かに委任契約書に該当すると同時に、通信販売を行う株式会社Aが、売買に関する業務のうち顧客からの受注業務の一部を、1年にわたって（更新に関する定めあり）、他の業者に委託する内容となっていて、その業務の範囲とともに対価の支払方法を

定めていますから、継続的取引の基本となる契約書（第7号文書）にも該当してきます。したがって、4,000円の印紙貼付が必要となります。

ADVICE 顧問先へのアドバイス

業務委託契約は、委任に関する契約書に該当するケースが多いのですが、業務の内容によっては、請負契約書（第2号文書）に該当するものや、継続して委託するものである場合には、継続的取引の基本となる契約書（第7号文書）に該当してくる場合がありますから、最初から不課税文書と決め込まずに、一度立ち止まってチェックすることが必要となります。

実務のポイントをつかむ

☑ **印紙税法施行令第26条第2号の要件**
① 売買に関する業務、金融機関の業務、保険募集の業務又は株式の発行若しくは名義書換えの事務を委託するために作成される契約書であること。
② 継続して委託される業務又は事務の範囲又は対価の支払方法を定めるものであること。

☑ **売買に関する業務の委託とは？**
　売買に関する業務の全部又は一部を包括的に委託することをいい（印基通別表第一第7号文書の7）、具体的には、販売施設を所有している者が、そこにおける販売業務を委託する場合、販売店の経営そのものを委託した場合、さらには業務の一部である集金業務、仕入業務、在庫管理業務等を委託した場合等がこれに含まれる。
　☞前述Ⅰの「第2　課税範囲　4　課税文書の取扱い（主な課税文書の概要）

Ⅲ 税務調査で指摘される不納付事例と留意事項

(3) 第7号文書」(28頁) 参照

2 契約書上の契約金額（記載金額）の取扱い誤り、算出誤りによる不納付事例

　印紙税法上において、「記載金額」とは、契約の成立等に関して、直接証明の目的となっている金額をいいます。この場合の「直接証明の目的となっている金額」は、契約書において証明しようとする事項についての金額、すなわち、契約の成立についての契約書であれば成立に係る金額を、契約の変更についての契約であれば変更に係る金額を、契約の補充についての契約であれば補充に係る金額をいいます。

　ところで、階級定額税率が適用となる第1号文書や第2号文書などにおいては、その契約金額（記載金額）に応じて負担する印紙税額が変わってきますので、契約書上の契約金額（記載金額）を把握・算定することが重要となります。

　ところが、契約金額（記載金額）についての取扱いルールの認識不足により、契約の成立等に関して直接証明の目的となっている金額の把握漏れから、階級定額税率の適用をせずに、適正な額の印紙が貼付されていない場合などが見受けられています。

　例えば、①その文書上において契約金額が計算可能なものを見逃していて契約金額の記載はないと判断しているもの、②その文書上で引用している文書がある場合に、その引用文書における契約金額に係る諸要素の内容を加味すると契約金額の計算ができることとなるのに、それを見逃して金額の計算ができていないことから、階級定額税率の適用漏れとなっているものなどが典型的な例です。

　このほか、③契約単価変更契約書の記載金額の取扱いを誤認しているもの、④記載金額の有無による文書所属の決定ルールを認識していないものなどの事例が見受けられるところです。

| 事例9 | **手形債務残高確認弁済契約書**
手形貸付けから証書貸付けに切り替えることで記載金額のある文書となる事例 |

　A株式会社は、B株式会社に手形による金銭の貸付けをしています。この手形債務について、債務残高の確認とともに弁済期日を明らかにするため、次のような文書を作成しています。

＜文書の内容＞

手形債務残高確認弁済契約書

　債権者A株式会社（以下「甲」という。）と債務者B株式会社（以下「乙」という。）は、乙振り出しの平成28年9月30日付手形による金銭貸付けに関して、以下のとおり約定した。

第1条　甲及び乙は、甲が乙に対し貸し渡した「1億円」のうち、手形債務弁済未済額が平成30年3月31日現在金4千万円であることを双方ともに確認した。

第2条　本件債務については、年率○％の利息を付し、乙は平成30年10月31日までに甲の指定銀行口座に振込み、返済するものとする。

（以下略）

平成30年3月31日

債権者　A株式会社　㊞
債務者　B株式会社　㊞

（A社の対応）

　既に成立している手形による金銭消費貸借契約の債務残高を確認するも

ので、記載金額がない金銭の消費貸借契約書（第1号の3文書）に当たると判断し、200円の印紙を貼付している。

税務調査官の指摘事項

　この「手形債務残高確認弁済契約書」は、既存の手形債務について新たに証書貸付けによる消費貸借に変更する目的で作成されるものと認められ、これは準消費貸借契約となるものであることから、記載された残高「4,000万円」が、準消費貸借契約における元本となるものであり、すなわち記載金額となる。

　したがって、2万円の印紙貼付が必要である（1万9,800円が不納付となっている）。

解説

1　手形貸付けを証書貸付けに切り替えるために作成した文書の取扱い

　金銭の貸付けに当たり、相手方から貸付金の弁済のための手形を受け取っている場合において、後日、証書により貸付けの事績を明らかにするために「債務残高確認弁済契約書」といった書面を改めて作成する場合があるようです。

　当初の契約も、消費貸借契約として金銭を貸し付けたものではありますが、この場合に受け取っている手形は、消費貸借の担保としてではないところから、実際には手形債務として生き残っていることになります。

　手形債務を改めて消費貸借の目的とするために作成する文書は、準消費貸借契約書となりますので、契約書の中で「手形債務弁済未済額」などと称されている場合であっても、その金額は手形債務の消費貸借債務への切り替えに伴って、この文書により新たに消費貸借金額として証明しようとする金額になります。

　したがって、事例のような文書は、記載金額のある消費貸借に関する契約書（第1号の3文書）として、その金額に応じた階級定額税率の適用が

あることになります。

2 原契約書（手形借入約定書等）を作成している場合

なお、当初の貸付けの段階で手形貸付けを行うに当たり、原契約書（手形借入約定書等）を作成しており（当初の貸付けが証書貸付けとなっており）、その原契約書において消費貸借金額を確定させている場合があります。

この場合に、後日「債務残高確認弁済契約書」を改めて作成し、その中で原契約書を引用している場合には、「債務残高確認弁済契約書」に記載されている「手形債務弁済未済額」といったものは、単なる確認金額と認められ、新たに消費貸借金額として証明しようとする金額ではありませんから、記載金額として取り扱われません。

したがって、この場合は契約金額（＝記載金額）のない消費貸借に関する契約書（第1号の3文書）として、200円の印紙税が課税されます。

3 結論

事例の文書は、原契約書は作成されておらず（証書貸付けではなく）、既存の手形債務について新たに証書貸付けによる消費貸借に変更する目的で作成されるもので、準消費貸借契約となるものです。そこに記載された残高「4,000万円」が、この契約書において証明する貸付金額（準消費貸借契約における元本）となるものであり、すなわち記載金額となるものですから、金額に応じた2万円の印紙貼付が必要となるものです。

ADVICE 顧問先へのアドバイス

取引先などに対する貸付金額が、手形債務として残っているものか、原契約書を交わした証書貸付けによる債務となっているものなのかを、一度確認して対応する必要があります。

実務のポイントをつかむ

「消費貸借契約」とは、借主が貸主から金銭その他の代替性のある物を受け取り、これと同種、同等、同量の物を返還する契約のことをいう（民法587条）。

「準消費貸借契約」とは、金銭その他の代替物を給付する義務を負う者がある場合に、当事者がその物をもって消費貸借の目的とすることを約する契約のことをいう（民法588条）。

☞前述Ⅰの「第2　課税範囲　4　課税文書の取扱い（主な課税文書の概要）（1）第1号文書　③　消費貸借に関する契約書（第1号の3文書）」（23頁）参照

事例 10	**変更契約書（保守業務内容の変更）** 変更契約書の記載金額の特例の適用がない事例

　A株式会社は、B株式会社に依頼する保守対象物件の変更に伴い、保守料金の月単価を変更するため、次のような文書を作成しています。

＜文書の内容＞

変更契約書（保守業務内容）

　A株式会社（以下「甲」という。）とB株式会社（以下「乙」という。）とは、平成28年3月31日付の保守契約書（以下「原契約書」という。）の第○条の規定に基づき保守対象物件の員数の変更に関し、次のとおり合意する。

第1条　保守対象の変更
　　ビル集中管理センター設置機器を保守対象から除外する。

第2条　保守料金の変更
　　前条に基づき原契約書の月額保守料金を540,000円減額する。
　　　変更後保守料金　7,020,000円（消費税520,000円を含む。）
　　　変更前保守料金　7,560,000円（消費税560,000円を含む。）

第3条　適用時期
　　前条の料金は平成30年4月1日から適用する。

第4条　有効期間
　　本変更契約書の有効期間は、平成31年3月31日までとする。ただし、期間満了の1か月前までに、甲乙とも異議を申し述べないときは、さらに期間満了のときから1年間自動的に継続するものとし、以後も同様とする。

> （以下略）

〔参考〕原契約書の内容（抜粋）
1　保守料金は月額 7,560,000 円（消費税 560,000 円を含む。）とする。
2　契約期間は平成 28 年 4 月 1 日から平成 29 年 3 月 31 日とし、双方異議がない場合は 1 年間の自動更新（以後同じ）とする。

A社の対応

変更契約書の記載金額の特例（通則 4 ニ）の適用があり、かつ、契約金額を減額するものであるため（印基通 30 条 2 項 2 号）、記載金額のない請負契約書（第 2 号文書）と判断し、200 円の印紙を貼付している。

税務調査官の指摘事項

変更契約書第 3 条（適用時期）において、変更後保守料金の適用は平成 30 年 4 月 1 日からとなっていて、自動更新後の期間の保守料金を定めており、原契約の適用期間中の保守料金を変更するものではないから、変更後の保守料金「650 万円（702 万円－消費税 52 万円）×12 月＝7,800 万円」が契約金額（記載金額）となるので、6 万円の印紙税が課税される（差額 5 万 9,800 円が不納付となっている。）。

解説

1　変更契約書の記載金額の特例

変更契約書に係る契約についての変更前の契約金額等の記載されている契約書（原契約書）が作成されていることが明らかであり、かつ、その変更契約書に変更金額（変更前の契約金額と変更後の契約金額の差額、すなわち契約金額の増減額）が記載されている場合（変更前の契約金額と変更後の契約金額の双方が記載されていることにより変更金額を明らかにでき

る場合を含みます。）には、記載金額について次のとおり取り扱う特例が認められています（通則4ニ、印基通30条2項）。

① 変更前の契約金額を増加させるものは、その増加額が記載金額となります。

② 変更前の契約金額を減少させるものは、記載金額のないものとなります。

したがって、原契約書で定まっている「変更前の契約金額等」を変更するものであることが、この特例の適用の前提となります。

2 月単位等で契約金額を定めている契約書の記載金額の取扱い

ところで、月単位等で契約金額を定めている契約書で、契約期間の記載のあるものはその月単位等での契約金額はあくまでも月額単価と評価され、この月額単価に契約期間の月数等を乗じて算出した金額が記載金額となります（契約期間の記載のないものは記載金額がないものとなります。）。

なお、契約期間の更新の定めがある契約書については、更新前の期間のみを記載金額算出の基礎とし、更新後の期間は考慮しないものとします（印基通29条）。

したがって、原契約書の記載金額の判定に当たっては、更新後の期間は考慮されていないことになります。

この取扱いを前提とすると、原契約書は、更新後の期間に係る契約金額の記載のある文書とは評価されないことに、すなわち、更新後の期間に係る契約金額の記載のある文書は作成されていないことに取り扱われることとなります。

3 結論

事例の文書は、保守対象物件の変更に伴い、原契約書における月額単価が適用される当初の契約期間（平成28年4月1日から平成29年3月31日）の後の期間（自動更新後の期間：平成30年4月1日から平成31年3月31日）に適用する月額単価を定める契約書（変更契約書）となるもの

です。

 したがって、A株式会社が作成する「変更契約書（保守業務内容）」は、「変更前の契約金額等」を変更する文書とはなりませんから、上記1の特例の適用がないこととなります。

 これにより、事例の契約書は、請負に関する契約書（第2号文書）と継続的取引の基本となる契約書（第7号文書）とに該当し、契約金額が算出できることになります（変更後の保守料金650万円（702万円－消費税52万円）×12月＝7,800万円）から、第2号文書に所属が決定し（通則3イ）、6万円の印紙税が課税されることになります。

ADVICE 顧問先へのアドバイス

 事例の場合には、以下のような対応により、印紙税負担を抑えることができます。

対応1：「第4条（有効期間）」については記載せず、「第3条（適用時期）」のみにとどめる。

 これにより、請負に関する契約書（第2号文書）と継続的取引の基本となる契約書（第7号文書）とに該当しますが、契約金額の計算ができないことから、契約金額（＝記載金額）のない契約書となり（通則4ニ、印基通30条2項）、第7号文書に所属決定となり（通則3イ）、4,000円の印紙税負担となります。

対応2：「第2条（保守料金の変更）」について、「前条に基づき原契約書の月額保守料金を540,000円減額する」とのみ記載する。

 これにより、請負に関する契約書（第2号文書）と継続的取引の基本となる契約書（第7号文書）とに該当し、契約金額（＝記載金額）のない契約書となること（通則4ニ、印基通30条2項）から、対応1と同じく第7号文書に所属決定となり（通則3イ）、4,000円の印紙税負担となります。

実務のポイントをつかむ

☑ **変更契約書の記載金額の特例**

変更前の契約金額が記載されている契約書(原契約書)の作成が明らかで、かつ、変更金額の増減額が記載されている場合の記載金額は次のとおり取り扱う(通則4二、印基通30条2項)。

① 変更前の契約金額を増加させるもの →増加額が記載金額となる。
② 変更前の契約金額を減少させるもの →記載金額はないものとなる。

☞前述Ⅰの「第5 記載金額 2 記載金額についての具体的な取扱い (13) 契約金額を変更する変更契約書の記載金額」(59頁)参照

☑ **月単位等で契約期間を定めている契約書の記載金額**

月単位等での契約金額に契約期間の月数等を乗じて算出した金額が記載金額となる。なお、契約期間の更新の定めがある契約書については、更新前の期間のみを記載金額算出の基礎とし、更新後の期間は考慮しないものとする(印基通29条)。

☞前述Ⅰの「第5 記載金額 2 記載金額についての具体的な取扱い (12) 月単位等で契約金額を定めている契約書の記載金額」(58頁)参照

〔参考〕請負契約書などの月額単価変更契約書等の記載金額の取扱い

事例		取扱い
原契約書	本エレベーター保守契約の契約期間は、平成29年4月1日から平成30年3月31日までとし、双方異議がない場合は、さらに1年延長することとし、その後もこれによるものとする。 なお、保守料金は月額100万円とする。	記載金額1,200万円(100万円×12月)の請負に関する契約書(第2号文書)となる。

2 契約書上の契約金額（記載金額）の取扱い誤り、算出誤りによる不納付事例

変更契約1	「原契約書の契約単価を平成29年10月1日以降月額120万円とする」ことを内容とする覚書（契約書）	請負に関する契約書（第2号文書）と継続的取引の基本となる契約書（第7号文書）とに該当し、当該契約書に契約期間が記載されておらず、当該契約書上契約金額を計算できないことから、通則3イただし書により継続的取引の基本となる契約書（第7号文書）となる。
変更契約2	「原契約書の契約単価を平成30年4月1日以降月額120万円とする」ことを内容とする覚書（契約書）	
変更契約3	「原契約書の契約単価を平成31年10月1日以降月額120万円とする」ことを内容とする覚書（契約書）	
変更契約4	「原契約書の契約単価月額100万円を平成29年10月1日から平成30年3月31日まで月額120万円とする」ことを内容とする覚書（契約書）	契約金額（＝記載金額）が計算できることから、通則4ニの規定により、記載金額120万円〔(120万円－100万円)×6月〕の請負に関する契約書（第2号文書）となる。 （注）平成29年10月1日から平成30年3月31日までの間（原契約書の契約期間内の6月間）に係る変更契約書となる。
変更契約5	「原契約書の契約単価月額100万円を平成29年10月1日から平成30年9月30日まで月額120万円とする」ことを内容とする覚書（契約書）	変更金額（＝記載金額）が計算できることから、通則4ニの規定により、記載金額840万円｛(120万円－100万円)×6月＋120万円×6月｝の請負に関する契約書（第2号文書）となる。 （注）平成29年10月1日から平成30年9月30日までの間（原契約書の契約期間内の6月間と更新後の契約期間内の6月間）に係る変更契約書となる。
変更契約6	「原契約書の契約単価月額100万円を平成30年4月1日から平成31年3月31日まで月額120万円とする」ことを内容とする覚書（契約書）	通則4ニの適用要件である「当該文書に係る契約についての変更前の契約金額の記載のある文書」がないことから、通則4ニの規定は適用されない。

| 変更契約7 | 「原契約書の契約単価月額100万円を平成31年4月1日から平成32年3月31日まで月額120万円とする」ことを内容とする覚書（契約書） | したがって、いずれも契約金額（＝記載金額）1,440万円（120万円×12月）の請負に関する契約書（第2号文書）となる。 |

2 契約書上の契約金額（記載金額）の取扱い誤り、算出誤りによる不納付事例

| 事例 11 | **変更契約書（月額契約料金の増額変更）**
契約期間の始期のみの記載のため、記載金額の計算ができないために継続的取引の基本となる契約書に該当する事例 |

　株式会社 A は、株式会社 B メンテナンスに依頼するメンテナンス対象物件の増設に伴い、契約料金の月額を増額変更するため、次のような文書を作成しています。

＜文書の内容＞

変 更 契 約 書

　株式会社 A（以下「甲」という。）と株式会社 B メンテナンス（以下「乙」という。）とは、平成 28 年 3 月 31 日に締結した「メンテナンス契約書」第 3 条の契約料金を昇降機一基の増設に伴い、次のとおり変更することについて合意した。
1　契約料金
　　　変更前　月額 216,000 円（うち消費税額 16,000 円）
　　　変更後　月額 324,000 円（うち消費税額 24,000 円）
2　契約期間
　　　本契約は、平成 30 年 4 月 1 日から有効とする。
3　その他
　　　その他の契約条項は、平成 28 年 3 月 31 日付「メンテナンス契約書」による。

〔参考〕原契約書の内容（抜粋）
1　保守料金は月額 216,000 円（うち消費税額 16,000 円）とする。
2　契約期間は平成 28 年 4 月 1 日から平成 30 年 3 月 31 日とし、双方異議

がない場合は1年間の自動更新（以後同じ）とする。

A社の対応

契約金額を増額するもので、変更契約書の記載金額の特例（通則4ニ）の適用により、増加額が10万円となるので、請負契約書（第2号文書）の記載金額は10万円で、200円の印紙を貼付している。

税務調査官の指摘事項

変更契約書の「2　契約期間」では、変更後の保守料金の適用は平成30年4月1日から有効とするのみで、適用期限が定められていないので、契約金額の計算ができない。

したがって、継続的取引の基本となる契約書（第7号文書）に該当し、4,000円の印紙貼付が必要である（3,800円不納付である。）。

解説

1　変更契約書の記載金額の特例

変更契約に係る契約について、変更前の契約金額等の記載のある契約書（原契約書）が作成されていることが明らかであり、かつ、その変更契約書に変更金額（変更前の契約金額と変更後の契約金額の差額、すなわち契約金額の増減額）が記載されている場合（変更前の契約金額と変更後の契約金額の双方が記載されていることにより変更金額を明らかにできる場合を含みます。）には、記載金額について次のとおり取り扱う特例が認められています（通則4ニ、印基通30条）。

① 変更前の契約金額を増加させるものは、その増加額が記載金額となります。

② 変更前の契約金額を減少させるものは、記載金額のないものとなります。

したがって、原契約書で定まっている「変更前の契約金額等」を変更す

るものであることが、この特例を適用することができる前提条件となります。

2　月単位等で契約金額を定めている契約書の記載金額の取扱い

ところで、月単位等で契約金額を定めている契約書で、契約期間の記載のあるものはその月単位等での契約金額はあくまでも月額単価と評価され、この月額単価に契約期間の月数等を乗じて算出した金額が記載金額となりますが、契約期間の記載のないものは記載金額がないものとなります。

なお、契約期間の更新の定めがある契約書については、更新前の期間のみを記載金額算出の基礎とし、更新後の期間は考慮しないものとします（印基通29条）。

したがって、原契約書の記載金額の判定に当たっては、更新後の期間は考慮されていないことになります。

3　事例の文書の内容検討

事例の文書は、メンテナンス対象物件の増設に伴い、原契約書の契約期間（平成28年4月1日から平成30年3月31日）後の期間（自動更新後の平成30年4月1日以後の期間）に適用する月額単価を定める契約書（変更契約書）です。

上記1、2の取扱いを前提とすると、事例の文書の原契約書については、更新後の期間に係る契約金額の記載のある文書とは評価されないことに、すなわち、更新後の期間に係る契約金額の記載のある原契約書は作成されていないことになります。

したがって、株式会社Aが作成する「変更契約書」は、「変更前の契約金額等」を変更する文書とはなりません。

また、この「変更契約書」には、契約期間が定められていません（「2　契約期間」では期間の始期のみ定めており、増額後の単価の適用期間が判明しません。）から、「増額後の月額単価×契約期間」の算式により、契約金額の計算ができません。

したがって、この「変更契約書」は、契約金額（＝記載金額）のない契約書となります。

※事例10の「〔参考〕請負契約書などの月額単価変更契約書等の記載金額の取扱い」の「変更契約2」（141頁）を参照してください。

4　結論

そうすると、株式会社Aが作成する「変更契約書」は、メンテナンスについての請負に関する契約書（第2号文書で契約金額の記載がないもの）と継続的取引の基本となる契約書（第7号文書）とに同時に該当しますから、印紙税法別表第一の「課税物件表の適用に関する通則」3イただし書により、第7号文書に所属が決定されることとなり、4,000円の印紙税が課税されます。

ADVICE 顧問先へのアドバイス

第1号文書又は第2号文書と第7号文書に同時に該当することとなる契約書で、契約金額が500万円以下となる場合には、その契約金額を明らかにする（月額単価と契約期間を契約書に明記することで、契約金額の算出を可能とする）ことで、印紙税負担を第7号文書の4,000円より低い2,000円以下の税額に抑えることができます。

実務のポイントをつかむ

☑ **2以上の号の課税事項を記載した文書の所属の決定**

① 課税物件表の第1号又は第2号と、第3号～第17号までの課税事項とが記載された文書は、第1号又は第2号文書に所属を決定する（通則3イ）。

② 第1号又は第2号文書で契約金額の記載がないものと第7号の課税事項とが記載された文書は、第7号文書に所属を決定する（通

則3イただし書)。
③ ②の文書で、第1号又は第2号文書に係る契約金額の記載があるものは、第1号又は第2号文書に所属を決定する。
☞ 前述Ⅰの「第4 文書の所属の決定 3 2以上の号の課税事項を記載した文書の所属の決定」の(1)、(2)(47頁)参照

☑ **月額単価を変更する「変更契約書」に契約期間の記載がない場合の記載金額の取扱い**

　月額単価を変更する「変更契約書」に、契約期間が定められていない場合(契約期間(適用期間)の始期のみ定めていて、期間を認識できない場合を含む。)には、「変更後の月額単価×契約期間」の算式により、契約金額の計算ができないので、この場合の「変更契約書」は、契約金額(＝記載金額)のない契約書となる。

事例12 産業廃棄物収集・運搬委託基本契約書
記載金額の計算ができないため継続的取引の基本契約書に該当する事例

　A株式会社は、収集運搬業者Bに産業廃棄物の収集・運搬を継続的に委託するため、次のような文書を作成しています。

＜文書の内容＞

産業廃棄物収集・運搬委託基本契約書

　排出事業者：A株式会社（以下「甲」という。）と、収集運搬業者：B（以下「乙」という。）は、甲の事業場から排出される産業廃棄物の収集・運搬に関して次のとおり基本契約を締結する。

第1条（委託内容）
1　乙の事業範囲は、以下のとおりであり、乙は事業範囲を証するものとして、許可証の写しを甲に提出し、本契約書に添付する。（中略）
2　甲が、乙に収集・運搬を委託する産業廃棄物の種類、数量及び収集・運搬の単価は、次のとおりとする。
　◎収集・運搬
　種類：発砲スチロール
　数量：300kg／年
　単価（税抜き）：20,000円／車1台
3　乙は、委託された前項の産業廃棄物を、甲の指定する最終目的地に搬入する。

（中略）

第7条（報酬・消費税・支払）

1 甲は、乙に対し毎月一定の期日を定めて収集・運搬業務の報酬を支払う。
2 甲の委託する産業廃棄物の収集・運搬業務に関する報酬は、第1条第2項で定める単価（税抜き）に基づき算出する。

第8条（契約の有効期間）
　本契約は、有効期間を平成30年4月1日から平成31年3月31日までの1年間とし、期間満了の2か月前までに、甲乙の一方から相手方に対する書面による解約の申し入れがない限り、同一条件で更新されたものとし、その後も同様とする。

A社の対応

　収集運搬は、運送に関する契約書（第1号の4文書）であると認識しており、当事者間で最低契約金額が分かっている（年間排出数量300kgに対応する最低配車台数24台×＠2万円＝48万円となる）ので、400円の印紙を貼付している。

税務調査官の指摘事項

　この文書は、運送に関する契約書（第1号の4文書）と継続的取引の基本となる契約書（第7号文書）にも該当し、記載金額がない（第1条の2の規定からは直接的に契約金額が計算できない）ので、第7号文書となるから、4,000円の印紙貼付が必要（3,600円が不納付）である。

解説

1　産業廃棄物収集・運搬（処理）契約に係る所属決定の基準

　産業廃棄物の収集運搬を委託するための契約書は、運送に関する契約書（第1号の4文書）、産業廃棄物の処分（処理）を委託するための契約書は請負に関する契約書（第2号文書）に該当します。

なお、産業廃棄物の収集運搬から処分（処理）までを一貫して委託する契約書は、運送に関する契約書（第1号の4文書）、請負に関する契約書（第2号文書）に同時に該当しますから、印紙税法別表第一の「課税物件表の適用に関する通則」3ロの規定により、次のように所属が決定されます。

・契約金額が「第1号の4文書＞第2号文書」となる場合→第1号の4文書
・契約金額が「第2号文書＞第1号の4文書」となる場合→第2号文書

　ただし、産業廃棄物収集・運搬（処理）委託契約書が、営業者間で継続的に生ずる2以上の取引の基本となる契約書に該当する場合は、継続的取引の基本となる契約書（第7号文書）にも該当することになります（印令26条1号）。このような場合は、契約書に記載金額（契約金額）があるかどうかにより、文書の所属が決定されます（通則3イ）。

2　記載金額の有無による所属決定の取扱い

　産業廃棄物収集・運搬（処理）委託契約書に「記載金額がある」とは、例えば、次のような契約内容となっている場合で、契約金額（＝記載金額）が明らかとなる場合です。

・契約書に契約金額「○○円」と記載されている場合
・契約書に「排出予定数量」「収集運搬単価又は処分単価」「契約期間」が記載されていて、契約金額が計算（数量×単価×期間＝契約金額）できる場合

　したがって、産業廃棄物収集・運搬（処理）委託契約書（第1号の4文書又は第2号文書）が、第7号文書にも該当する場合、記載金額の有無によって取扱いは次のとおりとなります。

・第1号の4文書かつ第7号文書で「記載金額がある」場合→「第1号の4文書」
・第1号の4文書かつ第7号文書で「記載金額がない」場合→「第7号文書」

・第2号文書かつ第7号文書で「記載金額がある」場合→「第2号文書」
・第2号文書かつ第7号文書で「記載金額がない」場合→「第7号文書」

3　結論

　事例の産業廃棄物の収集・運搬を委託するための契約書は、第1号の4文書かつ第7号文書に該当しますが、契約書の第1条の2の規定からは直接的に契約金額が計算できず、「記載金額がない」場合に該当するので、第7号文書となることから、4,000円の印紙貼付が必要です。

ADVICE　顧問先へのアドバイス

　第1号の4文書又は第2号文書の記載金額が500万円以下であれば、最高2,000円の印紙税となり、第7号文書の4,000円の印紙より少ない税負担となります。

　そこで、契約金額が500万円以下となる場合（事例のように、取引当事者間では最低料金が分かっている場合）には、記載金額を契約書上に明確に記載する（あるいは、直接算出可能とする）ことで、第1号の4文書又は第2号文書に所属決定できますから、税負担を和らげることが可能です。

実務のポイントをつかむ

☑ **2以上の号の課税事項を記載した文書の所属の決定（通則3ロ）**

① 　第1号文書かつ第2号文書で「記載金額がない」場合
　→第1号文書
② 　第1号文書かつ第2号文書で「記載金額がある」場合は、次による。
　　契約金額が「第1号文書＞第2号文書」となる場合
　→第1号文書

契約金額が「第2号文書＞第1号文書」となる場合

→第2号文書

☞前述Ⅰの「第4　文書の所属の決定　3　2以上の号の課税事項を記載した文書の所属の決定」の(4)、(5)(49頁)参照

☑2以上の号の課税事項を記載した文書の所属の決定（通則3イ）

① 第1号文書かつ第7号文書で「記載金額がある」場合

　→第1号文書

② 第1号文書かつ第7号文書で「記載金額がない」場合

　→第7号文書

③ 第2号文書かつ第7号文書で「記載金額がある」場合

　→第2号文書

④ 第2号文書かつ第7号文書で「記載金額がない」場合

　→第7号文書

☞前述Ⅰの「第4　文書の所属の決定　3　2以上の号の課税事項を記載した文書の所属の決定」の(1)、(2)(47頁)参照

3 契約書の所属決定ルールの認識不足による不納付事例

　契約内容の課税事項が複数あり、課税物件表上の2以上の号の課税文書に該当する場合には、一定のルールに従って、最終的に課税となる号に所属を決定しなければならないのですが、このルールについての認識誤りや、そもそも認識がなく、適正な印紙を貼付できていない場合があります。

　所属の決定ルールは印紙税法別表第一の「課税物件表の適用に関する通則」（以下「通則」といいます。）3に規定されています。

　所属の決定のルールについては、既に紹介した事例（事例1、事例11、事例12）の中でも取り上げています。

　例えば事例11は、原契約書（請負に関する契約書（第2号文書）と継続的取引の基本となる契約書（第7号文書）とに同時に該当する文書）の契約金額（月額単価）を変更する覚書を作成した場合に、その覚書上に契約期間の始期のみの記載がされていて、請負金額の計算ができない事例でした。

　実務においては、このように記載金額のない契約書で、第1号又は第2号文書と第7号文書とに同時に該当する文書の場合は、その所属号が第7号文書に決定される事例や、あるいはその逆のパターンで、記載金額のある契約書で、第1号又は第2号文書と第7号文書とに同時に該当する文書の場合は、その所属号が第1号又は第2号文書に決定される事例があり、その契約書の記載金額の有無によって、最終的な所属号が異なってくる事例が多く見受けられるところです。

　ここで取り上げる事例も、この所属決定ルールについての認識不足により、多額の不納付が指摘された事例となっていますので、改めて所属決定ルールを押さえておくことが重要となってきます。

事例 13　運送取引基本契約書
最低料金の取決めがあり記載金額のある契約書となる事例

A株式会社は、自社製品の運送について、B運送株式会社に委託するため、次のような文書を作成しています。

＜文書の内容＞

運送取引基本契約書

　委託者A株式会社（以下「甲」という。）と受託者B運送株式会社（以下「乙」という。）は、甲の製品の運送について、下記のとおり運送契約を締結する。

第1条（契約の内容）

　　乙は、甲の製品を、甲の工場又は倉庫等から、甲の指示する搬入先まで運送することを受託した。

第2条（個々の運送の依頼方法）

1　甲は、甲が定める書式の「物品運送注文書」により、乙に運送を委託する。

2　乙は、前項の依頼を受けたときは速やかに諾否を甲に通知する。

3　発送貨物は、甲が乙に引き渡したときから乙の責任とする。

第3条（料金及び支払）

1　甲が乙に支払う料金は、別添の「料金表」による。

2　甲は、毎月末日をもって締め切り、計算をして、翌月末日までに決済する。

第4条（契約期間）

　　本契約の有効期間は、平成30年4月1日から平成31年3月

31日までとし、期間満了の1か月前までに、甲、乙いずれからも解約の申し出がない場合は、引き続き1年延長する。その後も同様とする。

(以下略)

後日のため本契約書2通を作成し、甲乙各1通保有する。

平成30年3月31日

　　　　　　甲　A株式会社　　　　　○○○○　㊞
　　　　　　乙　B運送株式会社　　　□□□□　㊞

～～～～～～～～～～～～～～～～～～～～～～～～～～～

別添「料金表」

　　配送エリア　　　梱包単価

　　X地域　　貨物大＠40万円、貨物中＠30万円、貨物小＠20万円

　　Y地域　　貨物大＠35万円、貨物中＠25万円、貨物小＠15万円

なお、各配送エリアの月間最低保証料金を、X地域「500万円」、Y地域「350万円」とする。

A社の対応

運送取引に係る基本契約書であり、継続的取引の基本となる契約書（第7号文書）に該当するので、4,000円の印紙を貼付している。

税務調査官の指摘事項

この文書は運送契約（第1号の4文書）と継続的取引の基本契約（第7号文書）に同時に該当するので、記載金額の有無により所属号が決定されることになる。

契約書の別添「料金表」には、各配送エリアごとに、梱包の大小による

単価が定められているほか、なお書で、各配送エリアの月間最低保証料金も併せて規定されており、この月間の最低保証料金はX地域の「500万円」とY地域の「350万円」の合計額850万円となる。

そして、契約期間は1年間（更新前）であるので、850万円×12月＝1億200万円が契約金額（＝記載金額）として算定できることとなるので、運送契約書（第1号の4文書）に所属が決定され、印紙税額は10万円（不納付額9万6,000円）となる。

解説

1　所属の決定ルール

課税物件表の2以上の号の課税事項を記載した文書については、1つの号に所属を決定した上で、所属することとなった号の印紙税が課税されます。

したがって、2以上の号の課税事項に対して、それぞれの号の課税額を合算して課税するのではなく、いずれか1つの号の課税文書に所属を決定し、その所属する号の税額のみの負担を求めるものです。

そのためには、その文書の所属する号について、最終的に1つの号に決定する必要があり、その具体的な方法が印紙税法別表第一の「課税物件表の適用に関する通則」3に定められています。

例えば、第1号文書と第7号文書とに同時に該当する文書の所属号の決定方法についてみると、まず、第1号で契約金額の記載があるものは、第1号文書に所属が決定され、（通則3イ）、一方で、第1号文書で契約金額の記載がないものは、第7号文書に該当することとなります（通則3イただし書）。

したがって、A株式会社が作成した「運送取引基本契約書」は、運送契約に係る契約金額（記載金額）の記載の有無によって、所属号が異なってきます。

2　記載金額の算定

記載金額については、印紙税法基本通達に以下のような判定(算定)ルールがあります。

① 記載されている金額が予定金額、概算金額、最低金額あるいは最高金額であっても、それぞれ記載金額となります。なお、最低金額と最高金額が双方とも記載されている場合は、最低金額が記載金額となります（印基通26条3号）。

② 月単位等で契約金額を定めている契約書で、契約期間の記載のあるものはその月単位等での契約金額に契約期間の月数等を乗じて算出した金額が記載金額となり、契約期間の記載のないものは記載金額がないものとなります。

なお、契約期間の更新の定めがある契約書については、更新前の期間のみを記載金額算出の基礎とし、更新後の期間は考慮しないものとします（印基通29条）。

3　結論

事例のA株式会社が作成した「運送取引基本契約書」の別添「料金表」をみると、調査官指摘の「月間最低保証料金」が記載されており、これは最低契約金額（月額）となります。

このことから、上記2の①と②の取扱いが同時に適用されることとなるため、運送契約（第1号の4文書）と継続的取引の基本契約（第7号文書）に同時に該当し、かつ、記載金額がある契約書となることから、最終的に運送契約書（第1号の4文書）に所属が決定され、印紙税額は10万円となります。

ADVICE　顧問先へのアドバイス

事例の場合、基本契約書の中では「料金表」を定めず、別途「覚書」を作成し、その「覚書」中で「料金表」を定めることとします。

こうすると、原契約に記載されている「契約期間」は、別途作成する「覚書」には引用されません（印基通4条2項）から、その「覚書」の文書においてはトータルの契約金額を計算できないことになり、記載金額はないことになります。

　したがって、別途作成する「覚書」は第7号文書に該当し、印紙税額は4,000円となります。

　また、原契約書の「基本契約書」でも「料金表」（月額単価）の記載がないため、トータルの契約金額を計算できないことになり、やはり第7号文書に該当し印紙税額は4,000円となりますから、別途作成する「覚書」と合わせた2通の合計でも、8,000円の印紙税負担となります。

　なお、第1号文書又は第2号文書と第7号文書に同時に該当することとなる契約書で、契約金額（記載金額）が500万円以下となる場合には、別途「覚書」を作成する必要はなく、原契約書の「基本契約書」の中でその契約金額を明らかにする（月額単価と契約期間を契約書に明記して契約金額の算出を可能とする）ことで、印紙税負担を第7号文書の4,000円より低い2,000円以下の税額に抑えることができます。

実務のポイントをつかむ

☑ **2以上の号の課税事項を記載した文書の所属の決定**

① 　課税物件表の第1号又は第2号と、第3号～第17号までの課税事項とが記載された文書は、第1号又は第2号文書に所属を決定する（通則3イ）。

② 　第1号又は第2号文書で契約金額の記載がないものと第7号の課税事項が記載された文書は、第7号文書に所属を決定する（通則3イただし書）。

③ 　②の文書で、第1号又は第2号文書に係る契約金額の記載があるものは、第1号又は第2号文書に所属を決定する。

☞ 前述Ⅰの「第4 文書の所属の決定 3 2以上の号の課税事項を記載した文書の所属の決定」の(1)、(2)(47頁)参照

☑ 記載金額（最低金額など）の把握

　記載されている金額が予定金額、概算金額、最低金額あるいは最高金額となっている金額であっても、それぞれがその契約書における契約金額（記載金額）となる。

　なお、最低金額と最高金額が双方とも記載されている場合は、最低金額が記載金額となる（印基通26条3号）。

☞ 前述Ⅰの「第5 記載金額 2 記載金額についての具体的な取扱い (10)予定金額が記載されている文書の記載金額」(58頁)参照

事例 14 協定書（内航タンカー定期用船契約）
契約金額（記載金額）が明記されている基本契約書の所属決定の事例

A株式会社は、自社の貨物の運送を、船会社のB汽船株式会社に委託するため、定期用船契約書を締結しており、このほど次のような協定書を結ぶこととしています。

＜文書の内容＞

協　定　書

　平成28年3月31日付で締結した内航タンカー定期用船契約書に基づき、船主B汽船株式会社と用船者A株式会社との間において、〇〇丸（2,920.00 G/T）の定期用船につき、下記のとおり協定する。

記

1　用船期間　　平成30年4月1日～平成31年3月31日まで
2　用船料　　　月額2,700,000円（内消費税等200,000円）
3　支払方法　　手形　月末締切　60日サイト
4　支払日　　　毎月　20日
5　その他　　　経済情勢、運行状況に大幅な変動が生じた場合は、両者協議の上、協定内容の変更ができるものとする。

　本書2通を作成し、各自記名押印の上、これを保有する。
　平成30年3月31日

　　　　　　　　　　　　船　主　B汽船株式会社　㊞
　　　　　　　　　　　　用船者　A株式会社　　　㊞

A社の対応

当社貨物の運送について継続的に依頼する契約であり、継続的取引の基本となる契約書（第7号文書）に該当するので、4,000円の印紙を貼付している。

税務調査官の指摘事項

この文書は運送契約（第1号の4文書）と継続的取引の基本契約（第7号文書）に同時に該当するので、記載金額の有無により所属号が決定されることになる。

250万円（用船料270万円－消費税等20万円）×12月＝3,000万円が記載金額となるので、運送契約書（第1号の4文書）に所属が決定され、印紙税額は2万円（不納付額1万6,000円）となる。

解説

1　用船契約の取扱い

運送人が貨物又は旅客の場所的移動を約し、委託者（運送依頼人）がこれに対して報酬（運賃）を支払うことを内容とする契約書は、第1号の4文書（運送に関する契約書）に該当することになります。

ここでいう、「運送」とは、当事者の一方（運送人）が、物品又は人の場所的な移動を約し、相手（運送依頼人）がこれに報酬（運送賃）を支払うことを約する契約ですから、それが営業として行われるものだけでなく、たまたま行われるものでも運送となります。

なお、運送に関する契約書（第1号の4文書）には用船契約書を含むこととされています（印法別表第一課税物件表第1号の4文書の物件名欄）が、「用船契約」とは、船舶又は航空機の全部又は一部を貸し切り、これに積載した物品等を運送することを約する契約をいいますが、これには次の方法があり、いずれも用船契約に当たります（印基通別表第一第1号の

4文書の4)。

① 船舶又は航空機の占有がその所有者等に属し、所有者等自ら当該船舶又は航空機を運送の用に使用するもの
② 船長又は機長その他の乗組員等の選任又は航海等の費用の負担が所有者等に属するもの

2 定期用船契約の取扱い

定期用船契約も用船契約と取り扱われます（印基通別表第一第1号の4文書の5）が、この定期用船契約とは、船主（船舶の所有者）が、一定期間、船舶の全部を乗組員付きで定期用船者（運送依頼者）に貸し付けるとともに、船長使用約款等に基づいて船長をその期間中定期用船者の指示のもとに置く契約をいいます。

定期用船契約のうち、契約期間が3か月間を超え、かつ、用船の目的物の種類、数量、単価、対価の支払方法等、2以上の運送取引に関する基本条件を定めるものは、継続的取引の基本となる契約書（第7号文書）にも該当することとなります。

3 所属の決定

第1号文書と第7号文書とに同時に該当する文書の所属号の決定方法は、まず、第1号文書で契約金額の記載があるものは第1号文書に所属が決定され（通則3イ）、一方で、第1号文書で契約金額の記載がないものは、第7号文書に所属が決定されることとなります（通則3イただし書）。

したがって、運送に関する契約書（第1号の4文書）に係る契約金額（記載金額）の有無によって、所属号が異なってきます。

4 結論

事例の協定書（内航タンカー定期用船契約）では、契約期間（平成30年4月1日～平成31年3月31日まで）中の用船料月額270万円が記載されていますから、記載金額は250万円（用船料270万円－消費税等20万円）×12月＝3,000万円となります。

したがって、記載金額のある運送に関する契約書（第1号の4文書）と

継続的取引の基本となる契約書（第7号文書）にも該当しますが、上記**3**の所属の決定ルールに従い、運送に関する契約書（第1号の4文書）に所属決定となります。

したがって、記載金額3,000万円に対応する2万円の印紙貼付が必要となります。

顧問先へのアドバイス

事例の場合、協定書の中では「用船料」の「月額料金」を定めず、別途「覚書」を作成し、その中で「月額料金」を定めることとします。

こうすることで、協定書に記載されている「契約期間」は、「覚書」には引用されません（印基通4条2項）から、その「覚書」においてはトータルの契約金額を計算できないことになり、記載金額はないことになります。

したがって、別途作成する「覚書」は第7号文書に該当し、印紙税額は4,000円となります。

また、原契約書となる「協定書」においても「用船料」の「月額料金」の定めがなく、契約金額（「用船料」の総額）を計算できないことになりますから、第7号文書に該当し、印紙税額は4,000円となり、「覚書」と合わせて2通の合計でも、8,000円の印紙税負担となります。

なお、第1号文書又は第2号文書と第7号文書に同時に該当することとなる契約書で、契約金額（記載金額）が500万円以下となる場合には、別途「覚書」を作成する必要はなく、原契約書の「基本契約書」の中でその契約金額を明らかにする（月額単価と契約期間を契約書に明記して契約金額の算出を可能とする）ことで、印紙税負担を第7号文書の4,000円より低い2,000円以下の税額に抑えることができます。

実務のポイントをつかむ

☑ **2以上の号の課税事項を記載した文書の所属の決定**

① 課税物件表の第1号又は第2号と、第3号～第17号までの課税事項とが記載された文書は、第1号又は第2号文書に所属を決定する（通則3イ）。

② 第1号又は第2号文書で契約金額の記載がないものと第7号の課税事項が記載された文書は、第7号文書に所属を決定する（通則3イただし書）。

③ ②の文書で、第1号又は第2号文書に係る契約金額の記載があるものは、第1号又は第2号文書に所属を決定する。

☞前述Ⅰの「第4 文書の所属の決定 3 2以上の号の課税事項を記載した文書の所属の決定」の(1)、(2)（47頁）参照

☑ **用船契約とは？**

第1号の4文書（運送に関する契約書）には用船契約書を含むこととされている（印法別表第一課税物件表第1号の4文書の物件名欄）が、「用船契約」とは、船舶又は航空機の全部又は一部を貸し切り、これに積載した物品等を運送することを約する契約をいう。

なお、定期用船契約のうち、契約期間が3か月間を超え、かつ、用船の目的物の種類、数量、単価、対価の支払方法等、2以上の運送取引に関する基本条件を定めるものは、継続的取引の基本となる契約書（第7号文書）にも該当することとなる（印基通別表第一第1号の4文書の4、5参照）。

☞前述Ⅰの「第2 課税範囲 4 課税文書の取扱い（主な課税文書の概要）(1)第1号文書 ④ 運送に関する契約書（第1号の4文書）」（24頁）参照

4　「覚書」、「念書」、「証」、「確認書」などの表題の文書の不納付事例

　「契約書」や「契約証書」といった表題の文書には印紙を貼らなければいけないことは承知しているが、「覚書」、「念書」、「証」、「確認書」などといった表題になっている文書には、「印紙の貼付はいらない」、あるいは、「とりあえず最低額の200円の印紙を貼っておけばよい」、などと安易に考えている場合や、そう思い込んでいる場合などが見受けられます。

　印紙税は文書に課税される税ですから、文書の記載内容によっては、印紙税の課税事項となるものが記載されていて、課税文書（契約書等）となる場合がありますから、印紙を貼らなければいけないものか否かは、単に表題などにこだわらず、その記載内容を十分に吟味する必要があります。

　ちなみに、「覚書」の意味について調べてみると「忘れないように書いて置く文書。メモ」とされていて（『広辞苑』（第七版）より）、メモというと軽い印象があるからか、あまり契約というイメージが湧いてこないのかもしれませんが、契約の場においても意味は同じで、「契約の内容を忘れないように、合意事項を文章にしたもの」のことを指すとされています。

　また、「念書」は、「後日の証拠として念のため書いて相手に渡しておく書面」と解されている（同『広辞苑』より）ことから、いずれも契約書の一種と評価することができるものです。

　そして、「証」は「あかしとなるもの。しるしの書類」、「確認」は「たしかにそうだと認めること。また、はっきりたしかめること」とされています（同『広辞苑』より）から、これらの文言の記載のある文書についても同様に契約書として評価されることになってくるものといえます。こういった文書を作成する場合には、印紙税法上の課税事項が記載されているかどうか、常に意識して確認・把握することが求められることになります。

事例 15　覚書（清掃業務の委託）
基本契約書に基づく覚書文書が課税文書となる事例

　A株式会社は、事務所の清掃業務をB株式会社に委託しており、基本契約書の中で、覚書で定めるとしていた、その業務範囲を確認するため、次のような覚書文書を作成しています。

＜文書の内容＞

覚　　　　書

　A株式会社（以下「甲」という。）とB株式会社（以下「乙」という。）との間において、平成30年3月31日に締結した、「清掃業務委託基本契約書」第2条（業務の範囲）に規定する、「覚書で定める業務の範囲」は、別紙記載のとおりとする。
　　　　　　　　　　（別紙略）
　本契約を証するため本契約書2通を作成し、甲乙記名捺印の上各1通を保有する。
　平成30年3月31日

　　　　　　　　　　甲　A株式会社　〇〇〇〇　㊞
　　　　　　　　　　乙　B株式会社　△△△△　㊞

〔参考〕原契約の「清掃業務委託基本契約書」の内容（抜粋）
1　業務委託料は月額60万円とする。
2　契約期間は平成30年4月1日から平成31年3月31日とし、双方異議がない場合は1年間の自動更新（以後同じ）とする。

A社の対応

原契約の「清掃業務委託基本契約書」について、印紙税を既に納付しており、既に取り決められている契約についての細かい部分を確認する覚書文書についてまで、印紙の貼付は必要ないものと認識していた。
(「清掃業務委託基本契約書」の方は、第2号文書であると認識し、記載金額が720万円（月額単価60万円×契約期間12月）となるので、1万円の印紙を貼付済みである。）

税務調査官の指摘事項

「覚書」、「念書」といった表題の文書であっても、契約当事者間での意思の合致を証明する目的で作成される文書は、契約書に該当する。この「覚書」では、継続して委託する清掃請負業務の範囲について、具体的に定めるものであり、第2号文書（請負に関する契約書）と第7号文書（継続的取引の基本となる契約書）とに該当するが、この文書には契約金額の記載がないので、印紙税法別表第一の「課税物件表の適用に関する通則」（以下「通則」といいます。）3イただし書の規定により第7号文書に所属が決定され、4,000円の印紙税の納付が必要である。

解説

1　契約書の意義

印紙税法別表第一の「課税物件表」には、第1号の1の不動産の譲渡に関する契約書、第1号の3の消費貸借に関する契約書、第2号の請負に関する契約書、第14号の金銭又は有価証券の寄託に関する契約書などのように「〇〇に関する契約書」という名称で掲げられているものが多くあります。

ここでいう契約書は、一般的にいわれるものよりかなり範囲が広く、そのため、通則5にその定義規定が置かれています。

すなわち、課税物件表に掲げられているこれらの「契約書」とは、契約証書、協定書、約定書その他名称のいかんを問わず、契約（その予約を含みます。以下同じ。）の成立若しくは更改又は契約の内容の変更若しくは補充の事実（以下「契約の成立等」といいます。）を証すべき文書をいい、念書、請書その他契約の当事者の一方のみが作成する文書又は契約の当事者の全部若しくは一部の署名を欠く文書で、当事者間の了解又は商慣習に基づき契約の成立等を証することになっているものも含まれます。

　したがって、「覚書」、「念書」、「確認書」などと表示された文書であっても、実質的にみて、その文書が契約の成立等を証明する目的で作成されるものであれば、契約書に該当することになります（印基通12条）。

　そして、「契約」とは、互いに対立する2個以上の意思表示の合致、すなわち一方の申込みと他方の承諾によって成立する法律行為（印基通14条）ですから、「契約書」とは、その2個以上の意思表示の合致の事実を証明する目的で作成される文書をいうことになります。

2　補充契約書の所属の決定

　事例の覚書については、原契約で取り決めていなかった具体的な業務範囲（内容）を補充する目的で作成されるものであり、いわゆる補充契約書に該当しますから、印紙税法上の契約書に該当します。

　そして、課税文書に該当する場合には、その文書の印紙税額がいくらになるかを求めるために、その文書の所属の決定を行うこととなります。

　補充契約書は、補充する事項がどの号に該当する重要な事項（補充契約書における「重要な事項」については、印紙税法基本通達別表第二を参照）であるかにより文書の所属を決定することになるのですが、2以上の号の重要な事項が2以上併記又は混合記載されている場合や、1つの重要な事項が同時に2以上の号に該当する場合には、それぞれの号に該当する文書として原契約書の所属の決定方法と同様に所属を決定することになります（この場合、原契約書の所属号には拘束されず、補充契約書について、改めて所属号を決定することとなります。）。

3　結論

　事例の覚書は、継続して行う清掃業務請負契約の業務範囲を補充するものですが、この覚書においては契約金額の取り決めはありませんから、第2号文書（請負に関する契約書）と第7号文書（継続的取引の基本となる契約書）とに同時に該当するものの、契約金額の記載がありませんので、通則3イただし書の規定により第7号文書に所属が決定されます。したがって、4,000円の印紙税の納付が必要となります。

ADVICE　顧問先へのアドバイス

　事例の場合には、原契約書となる「清掃業務委託基本契約書」の中の「業務委託料」について、「別途覚書で定める」として、具体的な月額単価の記載を省略することで、原契約書を継続的取引の基本となる契約書（第7号文書）として4,000円の印紙税負担とすることができます。

　そして、別途作成する事例の「覚書」の中で、「本件業務にかかる業務委託料は、月額60万円とする」と記載する（「契約期間」は原契約で定めているので記載しない）ことで、この「覚書」においては記載金額の計算ができません（原契約における「契約期間」は引用されません（印基通4条2項））から、結果、この「覚書」も継続的取引の基本となる契約書（第7号文書）として4,000円の印紙税負担とすることができます。

　このように、「清掃業務委託基本契約書」の「業務委託料」の「月額単価」を、「覚書」の中で記載するようにすれば、2通の契約書の合計でも8,000円の印紙税の負担に抑えることが可能です。

　なお、第1号文書又は第2号文書と第7号文書に同時に該当することとなる契約書で、契約金額（記載金額）が500万円以下となる場合には、別途「覚書」を作成する必要はなく、原契約書の「基本契約書」の中でその契約金額を明らかにする（月額単価と契約期間を契約書に明記して契約金額の算出を可能とする）ことで、印紙税負担を第7号文書の4,000円より

低い 2,000 円以下の税額に抑えることができます。

実務のポイントをつかむ

☑ **契約書とは？**

　契約書については、通則5に次のように規定されています。

　「この表の第1号、第2号、第7号、及び第12号から第15号までにおいて<u>「契約書」</u>とは、契約証書、協定書、約定書その他<u>名称のいかんを問わず</u>、契約（その予約を含む。以下同じ。）の成立若しくは更改又は契約の内容の変更若しくは補充の事実（以下「<u>契約の成立等</u>」という。）<u>を証すべき文書</u>をいい、念書、請書その他契約の当事者の一方のみが作成する文書又は契約の当事者の全部若しくは一部の署名を欠く文書で、当事者間の了解又は商慣習に基づき契約の成立等を証することとされているものを含むものとする。」

☑ **補充契約書とは？**

　原契約の内容を補充する契約書は、印紙税法上の契約書に含まれる（通則5）。

　「契約の内容の補充」とは、原契約の内容として欠けている事項を補充することをいい、原契約が文書化されていたかどうかを問わず、契約上重要な事項を補充するものを課税対象としている。

　なお、補充する事項がどの号に該当する重要な事項であるかにより文書の所属を決定することになる（印基通18条、別表第二「重要な事項の一覧表」）。

　☞前述Ⅰの「第2　課税範囲　3　契約書に係る基本的事項　(7)変更、補充、更改契約書の取扱い」（18頁）参照

4 「覚書」、「念書」、「証」、「確認書」などの表題の文書の不納付事例

| 事例 16 | 協定書（宅地の売買契約）
仮合意の時点で作成される文書も課税文書となる事例 |

　Ａ株式会社は土地の取得を期し、土地所有者との間で土地の売買について大筋の合意ができた時点で、次のような文書を作成しています。なお、今後詳細事項を詰めて、後日正式な契約を結ぶこととしています。

＜文書の内容＞

協　定　書

　売主河野和夫と買主Ａ株式会社とは、河野和夫所有の下記の宅地の将来の不動産売買契約に関して、下記条項のとおり合意をみたので、本書２通を作成し、各自記名押印の上１通を保有する。

記

1　物件の所在　　○○市××町１－１　（地積：100坪）
2　売買価格　　　１坪当たり60万円とする。

(中略)

5　契約の時期　　平成30年５月30日までに契約書を交わすものとする。

　平成30年１月20日

　　　　　　　　　　　　　　　（売主）　河野和夫　　㊞
　　　　　　　　　　　　　　　（買主）　Ａ株式会社　㊞

Ａ社の対応

　契約の前段階での確認文書であり、将来正式に契約書を取り交わすもの

なので、この文書には印紙税はかからないものと認識していた。そのため、印紙の貼付はしていない。

> 税務調査官の指摘事項

本契約を将来成立させることを約する文書であり、予約を内容とする契約書に該当する。不動産の譲渡に関する契約書（第1号の1文書）となり、記載金額は6,000万円（1坪当たり60万円×100坪）なので、3万円（軽減税率適用）の印紙貼付が必要となる。

> 解説

1　予約契約書とは

後日改めて本契約を締結することとしている場合に作成する予約契約書は、印紙税法上は、本契約と全く同一に取り扱われます（通則5）。

予約契約書は、協定書、念書、覚書、承諾書等様々な名称を用いて作成される場合が多くありますが、「予約」とは、将来本契約を成立させることを約する契約ですから、その成立させようとする本契約の内容によって課税文書の所属が決定されます（印基通15条）。

また、予約としての契約金額の記載がある場合には、その金額も印紙税法上の記載金額に該当することになります。

2　結論

事例の文書は、土地の売主との間で、売買の大筋の条件で合意ができた時点で作成するもので、後日正式な不動産譲渡契約書を取り交わすこととされているものですが、そのことだけでは、不課税文書とはならず、予約契約書と評価され、正式契約（本契約）と同様に課税文書として取り扱われます。

したがって、事例の文書（協定書）は、不動産の譲渡に関する契約書（第1号の1文書）に該当し、予定売買価格（6,000万円）が記載金額となります。税率の軽減措置の特例（措法91条）が適用されるので、3万円

の印紙貼付が必要となります。

ADVICE 顧問先へのアドバイス

協定書上には、土地の所在地（地積）までの記載表示とし、坪当たり単価の記載は省略するか、あるいは別途覚書を作成してその覚書文書の中に坪当たり単価を記載するなどすれば、記載金額の計算ができないこととなるので、200円の印紙貼付に抑えることができます。

実務のポイントをつかむ

☑ 予約契約書、仮契約書の取扱い

後日改めて本契約を締結することとしている場合に作成する予約契約書や仮契約書であっても、印紙税法上は、本契約と全く同一に取り扱われる（通則5、印基通58条）。

☞前述Ⅰの「第2 課税範囲 3 契約書に係る基本的事項 (3) 仮契約書、(4) 予約契約書」(14頁) 参照

事例 17　商談記録（メモ）
表題がメモとなっていても課税文書に該当する事例

　A株式会社は、新製品の売出しに当たり、得意先と商談を行い、これを商談記録として次のような文書を作成しメモとして残すとともに、大事な商談であるため、作成したメモに互いの担当者の押印を行った上で、念のための確認の意味で得意先にも交付して互いに保管しています。

＜文書の内容＞

商　談　記　録　（メモ）　　　　確認書 NO. SY34566

商談日　2018年3月20日

件名	○○新製品約定		

商談内容	（目的・内容） ○○新製品の約定をご連絡いたします。	（対象期間） 2018年4月1日～2019年3月31日

機種・品名	単価　（円）	商談合意価格
G7896	123,800	
G7897	156,000	

商　談　確　認　書

上記商談内容を確認します。　　確認年月日　2018年3月25日

　　　　A株式会社　　㊞　　　B販売株式会社　　㊞

174

A社の対応

商談の内容をメモにして、お互いに残すもので、課税文書とは認識していなかった。そのため、印紙の貼付をしていない。

税務調査官の指摘事項

新製品の売買取引について互いに確認し合う文書であり、契約書に該当する。対象期間が1年間の契約で、商品ごとの単価をも定めるものであり、継続的取引の基本となる契約書（第7号文書）に該当し、4,000円の印紙貼付が必要である。

解説

1 契約書の意義

課税物件表には、第1号の1の不動産の譲渡に関する契約書、第1号の3の消費貸借に関する契約書、第2号の請負に関する契約書、第14号の金銭又は有価証券の寄託に関する契約書などのように「○○に関する契約書」という名称で掲げられているものが多くありますが、ここにいう契約書は、一般的にいわれるものよりかなり範囲が広く、そのため、印紙税法別表第一の「課税物件表の適用に関する通則」5にその定義規定が置かれています。

すなわち、課税物件表に掲げられているこれらの「契約書」とは、契約証書、協定書、約定書その他名称のいかんを問わず、契約（その予約を含みます。以下同じ。）の成立若しくは更改又は契約の内容の変更若しくは補充の事実（以下「契約の成立等」といいます。）を証すべき文書をいい、念書、請書その他契約の当事者の一方のみが作成する文書又は契約の当事者の全部若しくは一部の署名を欠く文書で、当事者間の了解又は商慣習に基づき契約の成立等を証することになっているものも含まれます。

ここでいう「契約」とは、互いに対立する2個以上の意思表示の合致、

すなわち一方の申込みと他方の承諾によって成立する法律行為（印基通14条）ですから、「契約書」とは、その2個以上の意思表示の合致の事実を証明する目的で作成される文書をいうことになります。

2　商談記録（メモ）に係る取扱い

上記のとおり、契約書とは互いの意思表示の合致の事実を証明する目的で作成される文書をいいます。

事例の文書をみると、その表題が「商談記録（メモ）」とはなっていますが、最終的には商談内容について取引当事者が互いに確認し合う文書（下欄の「商談確認書」）と認められますから、契約書に該当します。

したがって、商談内容が印紙税法上の課税事項を証するものに該当すれば、課税文書となり、課税事項の内容によって、いずれかの号の課税文書に所属決定となります。

3　結論

したがって、事例の文書は、売買の対象期間が1年間の契約であり、今後継続して売買を行っていくことの確認とともに、商品ごとの単価をも定めるものであり、継続的取引の基本となる契約書（第7号文書）に該当し、4,000円の印紙貼付が必要となります。

ADVICE 顧問先へのアドバイス

別途正式に契約を交わすこととしている場合には、上段の「確認書NO．」や下欄の「商談確認書」部分は記載を省略することで、契約書以外の文書（本来の商談メモとして不課税文書）とすることができます。

実務のポイントをつかむ

☑ 「契約書」とは？

「契約」とは、互いに対立する2個以上の意思表示の合致、すな

わち一方の申込みと他方の承諾によって成立する法律行為（印基通14条）であるから、「契約書」とは、その2個以上の意思表示の合致の事実を証明する目的で作成される文書をいうことになる。

☞前述Ⅰの「第2　課税範囲　3　契約書に係る基本的事項　（1）契約書の意義」（12頁）参照

5 「仮契約書」、「仮領収書」、「予約契約書」などの文書の不納付事例

　印紙税の課税文書とは、次の３つの全てに当てはまる文書をいいます（印法４条）。
① 　印紙税法別表第一（課税物件表）に掲げられている20種類の文書により証明されるべき事項（課税事項）が記載されていること。
② 　当事者の間において課税事項を証明する目的で作成された文書であること。
③ 　印紙税法第５条（非課税文書）の規定により印紙税を課税しないこととされている非課税文書でないこと。

　このように、課税事項が記載されていて、かつ、当事者間においてその課税事項を証明する目的で作成された文書を課税文書とすることとされています（印基通２条）から、たとえ１つの取引について、数通の契約書などが作成されても、課税事項が記載された文書であれば、いずれも課税文書であり、印紙の貼付が必要となってきます。

　実務においては、後日、正式文書を作成することとしている場合で、一時的にこれに代わるものとして仮契約書（予約契約書）といった文書が作成される場合が見受けられます（事例16でも見受けられました。）が、これらの文書もその文書が課税事項を証明する目的で作成されたものであるときは、やはり課税文書となります。

　例えば、名刺を利用して仮領収書を作成し相手方に交付しているが、後日、正式領収書を交付することから不課税文書として取り扱っていた事例や、契約の交渉段階において合意点を確認するために仮調印した文書を不課税文書として取り扱っていた事例などが見受けられています。

事例 18　仮工事請負契約書
停止条件付きの契約書が課税文書となる事例

　A建設株式会社は、公共事業を請け負っており、B市から発注のあった案件を請け負うに当たり、B市との間で基本合意がなされた段階で、次のような文書を作成しています。

＜文書の内容＞

仮工事請負契約書

　B市長と請負者A建設株式会社とは各々の対等な立場における合意に基づいて、B市契約事務規則□□条項によって公正な請負仮契約を締結し、信義に従って誠実にこれを履行するものとする。

1　工事名　　　▲▲建設工事
2　工事場所　　B市○○○町○一丁目3番5号
3　工期　　　　着工　　本契約成立後契約担当者の指定する日
　　　　　　　　完成　　平成30年10月31日
4　請負代金額　￥216,000,000－
　　（うち消費税及び地方消費税の額　￥16,000,000－）

（中略）

7　その他
(1)　この仮契約はB市議会の議決を得た後、契約担当者が契約の相手方に対し、本契約を成立させる旨の意思表示をしたときに本契約としての効力が生ずるものとする。ただし、B市議会の議決が得られなかったことにより、請負者に損害が生じても、B市契約担当者は、一切の責めを負わない。

(2) この仮契約締結後、(1)に規定する意思表示をするまでの間に、請負者が次のアからウのいずれかに該当した場合、契約担当者は、仮契約の解除を行うことができるものとする。この場合において、契約担当者は、契約解除に伴う損害賠償の責めを一切負わないものとする。

(中略)

平成30年2月20日

　　　　　発注者　　B市　契約担当者　△△　△△　㊞
　　　　　請負者　　A建設株式会社　　○○　○○　㊞

A社の対応

あくまでもB市との基本合意があった仮の段階での文書であり、市議会の議決を得た後に契約の効力が生ずるものとなっているので、印紙貼付は必要ないと認識していた。そのため、印紙の貼付はしていない。

税務調査官の指摘事項

仮契約書であっても、本契約書と同じく課税事項の記載がある限り、課税文書（請負に関する契約書（第2号文書））に該当する。なお、A建設株式会社が保存する契約書は非課税であるが、B市が保存する文書はA建設株式会社が作成者となり、記載金額が2億円となるので、6万円（軽減税率適用）の印紙貼付が必要となる。

解説

1　仮契約書や予約契約書の取扱い

印紙税は、文書を作成する都度課税される税金ですから、文書が作成される限り、たとえ1個の取引について数通の契約書が作成される場合でも、また、予約契約や仮契約と本契約の2度にわたって契約書が作成され

る場合でも、それぞれの契約書に印紙税が課税されます（通則5、印基通2条、12条、15条、58条）。

なお、予約に似た契約体系として停止条件や解除条件のついた契約がありますが、こうした条件付きの契約書も、当然印紙税の課税対象となる契約書に含まれることとなります。

したがって、事例のように市議会の議決を得た後に契約の効力が生ずるものとなっている場合であっても、それは停止条件が付されているものであり、印紙税法上の契約書に該当することとなります。

また、仮領収書といわれるものであっても、それが金銭等の受取事実を証明するために作成されたものであれば、後に本領収書が作成されるかどうかに関係なく、金銭又は有価証券の受取書に該当し、印紙税が課税されます（印基通別表第一第17号文書の3）。

2 国等と共同作成する文書の取扱い

一の課税文書を2以上の者が共同して作成した場合には、当該2以上の者は、その課税文書について、連帯して印紙税を納める義務があります（印法3条2項）。

ただし、国、地方公共団体及び印紙税法別表第二に掲げる非課税法人（以下「国等」といいます。）と国等以外の者とが共同で作成した文書については、国等又は公証人法に規定する公証人が保存するものは国等以外の者が作成したものとして課税され、国等以外の者（公証人を除きます。）が保存するものは国等が作成したものとみなされて課税されません（印法4条5項）。

例えば、国等（甲）と国等以外の者（乙）の共有地の売買契約書について、売主（甲及び乙）、買主（丙）の間で売買契約書を3通作成し、甲、乙、丙がそれぞれ1通ずつ所持する場合には、次のようになります（印基通57条）。

・甲が所持する文書→課税
・乙が所持する文書→非課税

・丙が所持する文書で、

　丙が国等以外の者である場合→非課税

　丙が国等である場合→課税

3　結論

　事例の文書の場合には、たとえ、基本合意段階での仮の契約文書であったとしても、建設工事を請け負うことを約する契約書ですから、後日、正式文書を作成するか否かにかかわらず、課税文書（請負に関する契約書；第2号文書）に該当します。

　なお、B市が保存する文書がA建設株式会社が作成した文書となり、課税文書となります（A建設株式会社が保存する文書はB市が作成した文書となり非課税文書となります。）。

　したがって、事例の文書（B市が保存する文書）は、記載金額が2億円の請負に関する契約書（第2号文書）に該当し、税率の軽減措置の特例（措法91条）が適用されることから、A社において6万円の印紙貼付が必要となります。

顧問先へのアドバイス

　地方公共団体等との間の契約では難しい面があるかと思いますが、仮契約の段階で、可能であれば、「請負代金額は別途協議する」として、請負金額を明記しないことで、200円の印紙税負担にとどめ、後日作成する本契約書について階級定額税率を適用することとすれば、税負担を抑えることができます。

実務のポイントをつかむ

☑ 仮契約書等の取扱い

　後日、正式文書を作成することとなる場合に、一時的に作成する

仮の文書であっても、その文書が課税事項を証明する目的で作成されるものであるときは、課税文書となる。

☞前述Ⅰの「第2 課税範囲 3 契約書に係る基本的事項 (3) 仮契約書」（14頁）参照

事例 19　仮領収書
仮の領収書であっても課税文書となる事例

　株式会社 A は、営業担当が得意先を訪問した時に、販売代金を現金で預かった場合には、その際に次のような文書を作成しています。

＜文書の内容＞

```
              仮    領    収    書

   上          様
              ★      ¥108,000      —
     但し、お品代として　　（消費税 8,000 を含む。）
   平成 30 年 2 月 28 日　上記正に領収いたしました。
                                   株式会社 A　㊞
```

A 社の対応

　営業担当が得意先から販売代金を現金で預かった際に、仮のものとして作成したもので、表題に「仮」と表示すれば、課税文書に該当しないと判断していた。そのため、印紙の貼付をしていない。

税務調査官の指摘事項

　後日正式な領収書を交付する場合であっても、金銭の領収事実を証しているので、金銭の受取書（第 17 号文書）に該当する。なお、売上代金に係る金銭（税抜き 10 万円）の受取書（第 17 号の 1 文書）になるので、200 円の印紙税納付が必要となる。

> 解説

1 金銭又は有価証券の受取書の意義

「金銭又は有価証券の受取書」とは、金銭又は有価証券の引渡しを受けた者がその受領事実を証明するために作成し、その引渡者に交付する単なる証拠証書をいいます。

つまり、金銭又は有価証券の受領事実を証明する全ての文書をいい、債権者が作成する債務の弁済事実を証明する文書に限らないのです。

ですから、「領収書」、「受取書」と記載された文書はもちろんのこと、「レシート」と称されるものや、受取事実を証明するために「代済」、「相済」、「了」、「領収」等と記載された「お買上票」、「納品書」、「請求書」等も第17号文書（金銭又は有価証券の受取書）に該当します（印基通別表第一第17号文書の1及び2）。

そして、文書の表題、形式がどのようなものであっても、その作成目的が金銭又は有価証券の受取事実を証明するものであるものは、金銭又は有価証券の受取書に該当します。

2 仮契約書、仮領収書などの取扱い

また、後日、正式文書を作成することとしている場合において、一時的にこれに代わるものとして作成する仮契約書や仮領収書などの仮の文書であっても、その文書が契約の成立の事実を証明するものあるいは金銭又は有価証券の受領事実を証明するものであるときは、契約書あるいは金銭又は有価証券の受取書になります（通則5、印基通別表第一第17号文書の3）。

3 結論

したがって、事例の仮領収書は、売上代金に係る金銭（10万円）の受取書（第17号の1文書）に該当しますので、200円の印紙税納付が必要となります。

ADVICE 顧問先へのアドバイス

金銭又は有価証券の受取書は、後日正式な領収書を発行するのであれば、可能な限り仮発行を省略します。

 実務のポイントをつかむ

☑ **仮契約書等の取扱い**

後日、正式文書を作成することとなる場合に、一時的に作成する仮の文書であっても、その文書が課税事項を証明する目的で作成されるものであるときは、課税文書となる。

☞ 前述Ⅰの「第2 課税範囲 3 契約書に係る基本的事項 (3) 仮契約書」(14頁)、「4 課税文書の取扱い(主な課税文書の概要) (8) 第17号文書」(32頁)参照

事例20　建物賃貸借予約契約書
建物賃貸借契約の予約契約書が課税文書となる事例

　A不動産株式会社は、ビルの賃貸に当たり、テナント（賃借人）との間で次のような予約契約書を結んでいます。

＜文書の内容＞

建物賃貸借予約契約書

　賃貸人A不動産株式会社（以下「甲」という。）と賃借人B株式会社（以下「乙」という。）との間に、甲の建築する東京都〇〇区●●町●丁目〇番地上のビルディング（以下「本ビル」という。）内の一部を乙が賃借するにつき、次のとおり契約を締結する。

第1条　乙の賃貸借部分は別紙のとおりとする。ただし、面積については竣工時の最終図面に記載のものとする。

第2条　乙は、建設協力金として、甲に金3,000万円也を差し入れる。

　　　建設協力金は平成30年5月1日より5年間（無利息）据置き、据置期間経過後15年間にわたり、毎1か年終了日の属する月の末日に均等償還するものとする。

第3条　賃料は、月額500,000円也とする。なお、その後の経済事情等により改訂できるものとする。

第4条　乙は第2条の建設協力金とは別に敷金として、前条賃料の6か月分相当額を賃貸借開始の前日までに甲に預け入れる。

　　　敷金は無利息とし、賃貸借期間中甲が預かるものとする。

第5条　建設協力金、敷金及び賃料は本ビル完成後の乙の賃貸借

部分の実面積に応じ、それぞれの基準に従って増減するものとする。

第6条　賃貸借期間は20年間とし、始期は本ビル完成の日（平成30年4月20日の予定）とし、甲乙両者は同日付をもって賃貸借契約を締結し、甲は乙に対し、同日賃貸借部分の引渡しを行う。

（中略）

この予約契約は当事者双方誠意をもって履行するものとし、後日のため本書2通を作成し、各1通を保有する。

平成30年1月10日

　　　　　　　　　　　　甲　A不動産株式会社　　㊞
　　　　　　　　　　　　乙　B株式会社　　　　　㊞

A社の対応

　建物の賃貸借契約であり、また、本ビル完成日に正式な契約書を締結する予定であり、合意事項についての互いの備忘録的なものとして作成した文書なので、課税文書に該当しないと判断し、印紙の貼付をしていない。

税務調査官の指摘事項

　後日正式な契約書を取り交わす場合であっても、当事者の合意事項を証するために作成するものなので、課税文書となる。また、建物の賃貸借に係る事項は不課税であるが、建設協力金の差し入れ、返済に係る事項は、消費貸借に関する契約書（第1号の3文書）に該当し、建設協力金3,000万円が消費貸借金額（記載金額）となるので、2万円の印紙税納付が必要となる。

> 解説

1　仮契約書、予約契約書等の取扱い

　印紙税は、文書を作成する都度課税される税金ですから、文書が作成される限り、たとえ1個の取引について数通の契約書が作成される場合でも、また、予約契約や仮契約と本契約の2度にわたって契約書が作成される場合でも、それぞれの契約書に印紙税が課税されます（通則5、印基通2条、12条、15条、58条）。

2　建物の賃貸借契約書に係る取扱い

　建物の賃貸借契約書については、その予約の文書を含めて原則として不課税文書に該当します（平成元年3月31日までは「賃貸借に関する契約書」として課税文書となっていましたが、平成元年4月1日から課税が廃止となり、30年が経過しています。）。

　このため、建物の賃貸借契約書は基本的に不課税文書であるとの認識から、その文書に記載されている契約内容のいかんにかかわらず、最初から印紙税はかからない文書であると判断してしまいがちです。

　建物の賃貸借契約書の中で、貸主、借主の間で授受される権利金、礼金、敷金、建設協力金、保証金といわれるものの記載があったとしても、これらの金銭は賃貸借契約に付随して授受されるもので、印紙税の取扱上はその基本の契約内容（不課税となる建物の賃貸借契約）に吸収され、特に課税関係に影響を与えないものと判断して、十分に記載内容の吟味がなされていないケースがまま見受けられるところです。

　しかしながら、その契約書の記載内容次第では、これらの金銭の法律的性格が異なってきて、印紙税の課税事項に該当する場合があります。

3　建物の賃貸借契約書が課税文書とされるケース

(1) 権利金等の受領事実が金銭又は有価証券の受取書の課税事項とされるケース

　建物の賃貸借契約を結んだ際に、貸主と借主の間で、権利金や礼金、敷金などの金銭の授受がなされますが、この契約書の中に、これらの金銭の

受領事実が記載されている場合や、後日契約書の余白に受領事実が追記された場合などにおいては、その記載事項は、基本の契約（不課税となる建物の賃貸借契約）に吸収されるものとはならず、金銭又は有価証券の受取書（第17号文書）の課税事項に該当するものとして取り扱われることになります。

　この場合、その受領した金銭の性格により、次の①又は②のとおり取り扱われます。

① 　権利金や礼金で、賃貸借期間が経過した後に借主に返還されない金銭などは賃借権の設定の対価であり売上代金となることから、その受領事実の記載があるものは、売上代金に係る金銭又は有価証券の受取書（第17号の1文書）に該当することとなります。

② 　敷金の受領など、賃貸借期間が経過した後に、借主に返還される金銭の受領事実を証するものは、売上代金以外の金銭又は有価証券の受取書（第17号の2文書）に該当します。

(2) 保証金又は建設協力金などが消費貸借契約の目的物として課税事項とされるケース

① 　一般に「保証金」といわれるものは、一定の債務の担保として、債権者その他一定の者にあらかじめ交付される金銭であって、敷金、取引保証金、委託保証金などがその例となります。

　つまり、賃貸借契約の場合であれば、その賃貸借期間中に、賃借料や賃借人に責任のある損害により発生する債務を担保するための金銭であり、これは本来の保証金となりますから、この保証金については印紙税法上特に問題にされることはありません。

　一方で、賃貸借契約期間が終了しても、その後一定期間経過後でなければ返還しないという約定のもとでの保証金は、確かに賃貸借契約期間の終了時までは債務を担保するという本来の目的は達せられるのですが、賃貸借契約期間の終了後に返還すべき金銭を一定期間消費貸借の目的とするものと判断されることになります。

② また、貸ビルを建設する場合に、その建設資金に充てるため、あらかじめビルの借受希望者から建設協力金の提供を受け、貸ビルの完成の際には優先的に貸し渡すことを約するもの、あるいは工事竣工時点でビルを借り受けるに当たり敷金、保証金に振り替えられるもの、一定期間据え置き後に借主に返還するものなどが見受けられます。

このように、保証金又は建設協力金等として一定の金銭を受領した場合に、賃貸借契約期間などに関係なく、一定期間据置き後に返還することを約しているものは、基本の契約（不課税となる建物の賃貸借契約）に吸収されるものとはならず、消費貸借に関する契約書（第1号の3文書）の課税事項に該当するものとして取り扱われることになります（印基通別表第一第1号の3文書の7）。

4　結論

事例の文書においては、その第2条において建設協力金の授受がなされることとなっていて、その授受される金銭が、建物の賃貸借期間（20年間）に関係なく、一定期間（5年間）据え置いた後、分割返還されることとなっています。

これは、もはや賃貸料等を保全するための担保金（いわゆる保証金）とはその性格を異にし、その実質は消費貸借であると認められます。

したがって、事例の建設協力金の額（3,000万円）を消費貸借金額とする契約と判断され、消費貸借に関する契約書（第1号の3文書）として課税文書に該当することとなり、2万円の印紙貼付が必要となります。

(注) 事例の文書の第4条の「敷金」は、契約満了時に返還される本来の保証金と評価されますので、消費貸借金額とはなりません。

ADVICE
顧問先へのアドバイス

可能であれば正式文書の取り交わしのみ行い、予約文書の作成は省略化します。

あるいは、予約文書の中においては建設協力金の具体的な金額の記載を省略し、「建設協力金をあらかじめ甲に差し入れる」といった内容とすることで、印紙税負担を200円とすることができます。

実務のポイントをつかむ

☑ **建物賃貸借契約における保証金又は建設協力金等の取扱い**

保証金又は建設協力金等として一定の金銭を受領した場合に、建物の賃貸借契約期間などに関係なく、一定期間据置き後に返還することを約しているものは、基本の契約（不課税となる建物の賃貸借契約）に吸収されるものとはならず、消費貸借に関する契約書（第1号の3文書）の課税事項に該当するものとして取り扱われる。

☞前述Ⅰの「第2　課税範囲　4　課税文書の取扱い（主な課税文書の概要）（1）第1号文書　③　消費貸借に関する契約書（第1号の3文書）」（23頁）参照

事例21	予約協定書
	将来の土地売買の合意時の予約協定文書が課税文書となる事例

　A株式会社は、B株式会社所有の土地の購入について、B株式会社との間で基本合意した時点で、次のような文書を作成しています。

＜文書の内容＞

予 約 協 定 書

　売主B株式会社（以下「甲」という。）と買主A株式会社（以下「乙」という。）とは、末尾記載の物件の将来の売買契約に関し合意したので、協定書を作成する。
1　物件の売買予定価格は、1m^{2}当たり100万円とする。
2　平成30年7月31日までに契約を実行する。
3　物件の売買面積は、契約実行時の実測値によることとし、売買価格についても、実測値に基づき再協議して決定するものとする。

（以下略）

（物件の表示）　東京都□□区●●町2－3－6　宅地100m^2

　平成30年2月1日

　　　　　　　　　　　　　売主　甲　　B株式会社　㊞
　　　　　　　　　　　　　買主　乙　　A株式会社　㊞

A社の対応

　将来の土地売買について基本合意した段階での、仮の取り決め内容をまとめただけの文書であり、課税文書に該当しないと判断していた。そのた

め、印紙の貼付をしていない。

> 税務調査官の指摘事項

後日正式な契約書を取り交わす場合であっても、土地売買に係る合意内容を証する文書であり、不動産の譲渡に関する契約書（第1号の1文書）に該当し、記載金額が1億円なので、3万円（軽減税率適用）の印紙貼付が必要となる。

> 解説

1　仮契約書、予約契約書等の取扱い

印紙税は、文書を作成する都度課税される税金ですから、文書が作成される限り、たとえ1個の取引について数通の契約書が作成される場合でも、また、予約契約や仮契約と本契約の2度にわたって契約書が作成される場合でも、それぞれの契約書に印紙税が課税されます（通則5、印基通2条、12条、15条、58条）。後日改めて本契約を締結することとしている場合に作成する予約契約書は、印紙税法上は、本契約と全く同一に取り扱われます（通則5）。

予約契約書は、協定書、念書、覚書、承諾書等様々な名称を用いて作成される場合が多くありますが、「予約」とは、将来本契約を成立させることを約する契約ですから、その成立させようとする本契約の内容によって課税文書の所属が決定されます（印基通15条）。

2　予約契約書の記載金額

また、予約としての契約金額の記載がある場合には、その予定金額が印紙税法上の記載金額に該当することになります（印基通26条1号）。

3　結論

したがって、事例の文書の場合は、不動産（土地）の譲渡に関する契約書（第1号の1文書）に該当し、予定売買価格（1 m^2 当たり100万円×100 m^2 ＝1億円）が記載金額となります。

なお、不動産の譲渡に関する契約書（第1号の1文書）には、税率の軽減措置の特例（措法91条）が適用されますから、3万円の印紙貼付が必要となります。

ADVICE 顧問先へのアドバイス

協定書上には、土地の所在地（地積）までの記載表示とし、1 m² 当たり単価の記載は省略するか、あるいは別途覚書を作成してその覚書文書の中に1 m² 当たりの単価を記載するなどすれば、記載金額の計算ができないこととなるので、協定書や覚書文書についてそれぞれ200円の印紙貼付に抑えることができます。

実務のポイントをつかむ

☑ **予約契約書、仮契約書の取扱い**

予約契約書は、協定書、念書、覚書、承諾書等様々な名称を用いて作成される場合が多くあるが、「予約」とは、将来本契約を成立させることを約する契約であるから、その成立させようとする本契約の内容によって課税文書の所属が決定される（通則5、印基通15条）。

☞前述Ⅰの「第2　課税範囲　3　契約書に係る基本的事項　(4)　予約契約書」（14頁）参照

☑ **契約金額の算出ができる場合**

文書に記載された単価、数量、記号その他により、記載金額を計算することができる場合には、計算により算出した金額が記載金額となる（通則4ホ(1)、印基通24条6号）。なお、予定金額も印紙税法上の記載金額に該当する。

☞前述Ⅰの「第5　記載金額　2　記載金額についての具体的な取扱い」の

(4)(56頁)参照

6　「注文書」、「申込書」、「依頼書」などの文書の不納付事例

　「注文書」、「申込書」、「依頼書」などと称する文書は、契約の成立などを証する契約書にはならないと思い込み、不納付となる事例です。

　契約とは、申込みと承諾によって成立するものですから、契約の申込事実を記載した申込書、注文書、依頼書などは、通常、課税対象にはなりません。

　しかしながら、申込書、注文書、依頼書などの文書の記載内容によっては、課税事項が記載されていて、契約当事者間の契約の成立等を証明する内容となっているものがあり、その場合はその申込書、注文書、依頼書などの文書についても契約書と評価され、課税文書に該当することとなってきます。

　このような契約の成立等を証明する目的で作成される文書は当然に契約書に該当するのですが、実務上、申込書、注文書、依頼書などと表示された文書が契約書に該当するかどうかの判断はなかなか難しい面があることから、一般的に契約書に該当するものについて、基本通達において例示されています（印基通21条2項）。

　申込書、注文書、依頼書などと表示された文書は、比較的頻繁に作成されていますから、税務調査で不納付となっていることが指摘された場合には、多額の印紙税負担となることがあります。

　したがって、申込書、注文書、依頼書などと表示された文書を作成する場合には、その取引のどのような場面で作成される文書なのか（こちら側からの第一次申込みの段階で作成するものなのか、あるいは、取引の相手方からの一次的な申入れがあり、それに対して作成される承諾文書的なものなのか）を把握し、印紙税法上の契約書と評価されることにならないかどうか、慎重に判断する必要があります。

事例22　不動産購入申込書
相手方の申込承諾条件を了承して提出する申込書

　A株式会社は、土地付き建物を購入する際、不動産会社に対して、次のような申込文書を作成して、提出しています。

＜文書の内容＞

不動産購入申込書

　当社は貴社より、下記表示物件を貴社の別紙「不動産購入申込承諾条件」を了承して買い受けたいので、申込証拠金4千万円を添えて申し込みます。

　物件の表示：■■市〇〇町2丁目〇番地　土地付き建物

平成30年3月20日
B不動産株式会社　殿

　　　　　　　　　　　　　　　　　申込者　A株式会社　㊞

～～～～～～～～～～～～～～～～～～～～～～～～～～～～

別紙　　　　　　　不動産購入申込承諾条件

　B不動産株式会社（以下「会社」という。）は、下記条件で不動産購入申込みを承諾するものとします。

第1　不動産購入申込者（以下「申込者」という。）は、申込みと同時に申込証拠金を会社あてに預託するものとし、会社は不動産購入申込書と申込証拠金を受領したとき、申込みを承諾します。

　なお、申込者が申込物件について、会社と売買契約を締結したときは申込証拠金を手付金の一部に充当します。

> 第2　申込者は、申込日から起算して7日以内に、別途不動産売買契約を締結するものとします。
>
> 　　　　　　　　（以下省略）

A社の対応

単なる申込書であり、印紙税はかからないものと認識していた。そのため、印紙の貼付をしていない。

税務調査官の指摘事項

表題が申込書となっていても、取引の相手方が示す承諾条件を了承した上で申し込むものであり、この申込みにより自動的に契約が成立することとなっていることから、契約書となる。不動産の購入に係る契約内容となるので、不動産の譲渡に関する契約書（第1号の1文書）に該当し、記載金額がないことから、200円の印紙貼付が必要である。

解説

1　申込みにより自動的に契約が成立する場合の申込書

契約の申込みの事実を証明する目的で作成される単なる申込文書は、承諾文書ではないので、基本的には契約書に該当せず、印紙税は課税されませんが（印基通21条1項）、基本契約書、規約、約款等に基づく旨の記載のある申込書等で、その申込みにより自動的に契約が成立することとなっている場合の、その申込書は課税されます（印基通21条2項1号）。

なお、たとえ、基本契約書、規約、約款等があったとしても、それらを引用（承認）する旨の記載のない申込書は、課税されません。

これは、印紙税は記載された文言等をもとに課否判断をするという原則に基づくものであるからです。

2 申込みにより自動的に契約が成立するか否かの判断基準

また、規約、約款等において、例えば、「申込書提出後、当方が審査を行った上了解したものについて契約が成立するものとする」となっている場合は、その申込書を提出しても自動的に契約が成立するものとはいえません。

しかし、規約、約款等にそのような明文の記載がない場合は、事実上その申込みによって自動的に契約が成立するかどうかを判断することになります。

3 相手方が請書等を作成する場合の取扱い

上記のとおり、申込みにより自動的に契約が成立することとなっている場合のその申込書等は原則として契約書に該当するのですが、その申込書等に契約の相手方当事者が別に請書等契約の成立を証明する文書を作成することが記載されているものは、契約書には該当しないものとして取り扱われます（印基通21条2項1号ただし書）。

このように、一方の申込みにより自動的に契約が成立することとなる申込書等であっても、それに対して相手方当事者がさらに請書等を作成することとしているものは、いまだ申込段階にある文書と評価され、契約書には当たらないものとして取り扱われます。

なお、この取扱いがある場合であっても、申込書等の文書上に、さらに請書等を作成する旨が記載されていることが必要であり、請書等を作成する旨が記載されていないときは、申込書等も契約書として、また、請書等も契約書として両方課税されることとなりますから留意が必要です。

4 結論

事例の文書には、「別紙『不動産購入申込承諾条件』を了承して買い受けたい」との記載があり、また、当該「不動産購入申込承諾条件」に「会社は不動産購入申込書と申込証拠金を受領したとき、申込みを承諾します」との記載がありますから、この申込みにより自動的に契約が成立することとなっていますので、契約書に該当します（印基通21条2項1号）。

なお、申込証拠金4,000万円は、不動産売買契約における契約金額ではありません（手付金の一部に充当される金銭です）ので、事例の文書は記載金額のない不動産の譲渡に関する契約書（第1号の1文書）となり、200円の印紙貼付が必要となります。

（注）手付金や内入金といったものは、通常の場合は契約金額（記載金額）には該当しないのですが（印基通28条）、例えば、「手付金額は契約金額の一部となる」、「内入金は契約金額の1割とする」などと記載があることで、手付金額や内入金額が契約金額の一部であると評価できる場合には、その手付金額や内入金額も記載金額として取り扱われることとなりますので、留意が必要です。

<small>ADVICE</small> 顧問先へのアドバイス

事例の場合には、「不動産購入申込承諾条件」で、「申込日から起算して7日以内に、別途不動産売買契約を締結する」とされていて、正式な売買契約書の作成も予定されているので、可能であれば相手方に承諾条件の見直しを提案します。

例えば、「申込みがあった場合には、いったん審査の上諾否を決定する」といった申込承諾条件に変更することにより、「その申込みにより自動的に契約が成立することとなっている場合」には該当しないこととなりますから、契約書としては扱われないこととなり、正式契約書のみの税負担に抑えることが可能となります。

実務のポイントをつかむ

☑ **申込みにより自動的に契約が成立する場合の申込書の取扱い**

基本契約書、規約、約款等に基づく旨の記載のある申込書等で、その申込みにより自動的に契約が成立することとなっている場合

の、その申込書は課税される（印基通21条2項1号）。

　なお、その申込書等に、相手方当事者がさらに請書等を作成することが明記されているものは、契約書には当たらない。

☞前述Ⅰの「第2　課税範囲　3　契約書に係る基本的事項　(5)申込書、注文書、依頼書等と表示された文書の取扱い」（14頁）参照

事例23 建築申込書（申込者控え）
申込書控えに相手方担当者の署名押印がある事例

　株式会社A建設は、住宅建築の申込書の提出があった際に、申込者に対してその申込書の控えを交付しており、その際に契約担当者が署名・押印の上で交付しています。

＜文書の内容＞

　　　　　　　　　建築申込書（申込者控え）　　　【2枚目】

株式会社A建設　　殿

　　　　　　　　　　　　　　申込者　△△市□□3－8－6

　　　　　　　　　　　　　　　　　　田中　一雄　㊞

　貴社の建築申込規定を承諾の上、申込着手金を添えて下記のとおり申し込みます。

1　建築場所　△△市□□3－8－6
2　用途　　　専用住宅
3　建設面積　約100㎡（30坪）
4　工事予定額　2,400万円、申込着手金120万円　　領収済
5　着工希望日　平成30年4月1日
6　完成希望日　平成30年7月30日

　　　　　契約担当者確認　営業3課　高橋次郎　㊞

～～～～～～～～～～～～～～～～～～～～～～～～～～～

【建築申込規定】

1　建築の設計施工を株式会社A建設に依頼される方（以下「申込者」という。）は、建築申込書に工事予定額の5％に相当する金額（申込着手金）を添えてお申し込みください。

2 建築申込書の工事予定額は、お申込み時点での概算額であり、当社から設計図、仕様書、見積書を申込者に提示して協議の上、工事代金を決定し、「建築工事請負契約書」を締結します。

```
        建築申込書（会社保管用）        【1枚目】


         （【2枚目】との複写につき記載省略）
```

A社の対応

1枚目、2枚目とも、単なる申込書であり、印紙税はかからないものと認識していた。そのため、印紙の貼付はしていない。

税務調査官の指摘事項

申込書の1枚目の「会社保管用」は別途建築工事請負契約書を作成することが記載されているので、契約書には該当しないが、2枚目の「（申込者控え）」は申込みに対する承諾事実を証明（契約担当者確認欄の署名押印）して申込者に交付するものであり、契約書に該当する。

その記載内容は、建築請負に係るものなので、請負に関する契約書（第2号文書）に該当し、記載金額は2,400万円であることから、1万円（軽減税率適用）の印紙の貼付が必要である。

解説

1 申込文書に係る取扱い

契約の申込みの事実を証明する目的で作成される単なる申込文書は、承諾文書ではないので、基本的には契約書に該当せず、印紙税は課税されま

せんが（印基通21条1項）、基本契約書、規約、約款等に基づく旨の記載のある申込書等で、その申込みにより自動的に契約が成立することとなっている場合の、その申込書は課税されます（印基通21条2項1号）。

ただし、契約の相手方当事者が別に請書を交付することや別途契約書を作成することなど、契約の成立を証明する文書を別に作成することが記載されているものは除かれます（印基通21条2項1号ただし書）。

事例の申込書の1枚目（会社保管用）においては、【建築申込規定】の2において、別途「建築工事請負契約書」を締結することがうたわれており、申込みにより自動的に契約が成立することとなっていないものとなりますから、契約書には該当せず、いまだ申込段階の文書と評価されます。

2　申込書（申込者控え）を申込者に返却する場合

申込書（申込者控え）を申込者に返却する場合がありますが、単に申込者の申込内容の手控えとして、申込書の控えをそのままの状態で返却する場合には、何ら問題はありません。

一方、事例の場合には、申込者からの建築申込みに対して、株式会社A建設の契約担当者がその内容を確認の上で、申込書の2枚目（申込者控え）に承諾印を押印して申込者に交付していますから、契約事実を証明するもの（いわゆる請書となるもの）と評価されることとなり、請負契約書に該当してきます。

3　結論

事例の申込書の2枚目（申込者控え）は請負に関する契約書（第2号文書）に該当することとなります。

また、申込着手金120万円の領収済印を押印して領収事実をも証明していますから、売上代金に係る金銭の受取書（第17号の1文書）にも該当します（印基通28条なお書）。

この場合、申込着手金120万円（受取金額）が工事予定額2,400万円（契約金額）より少ないので、印紙税法別表第一の「課税物件表の適用に関する通則」（以下「通則」といいます。）3イの規定により、第2号文書

に所属が決定されます。

そして、工事予定額 2,400 万円が契約金額（＝記載金額）となり、建築工事に係る契約であることから軽減税率（措法 91 条）が適用されて、1万円の印紙の貼付が必要となります。

顧問先へのアドバイス

後日正式契約を締結するのであれば、工事予定金額について「後日協議する」とすることで、200 円の印紙貼付に抑えることができます。

なお、事例の場合にこのように対応した場合は、申込着手金額の受領額が 100 万円を超えるので、通則 3 イの規定により、売上代金に係る金銭の受取書（第 17 号の 1 文書）に所属決定となり、400 円の印紙貼付が必要となりますが、それでも負担を和らげる効果はあります。

実務のポイントをつかむ

☑ **申込書（申込者控え）を申込者に交付する場合の取扱い**

申込書（申込者控え）に、申込みを受けた側において内容を確認した上で、承諾印などを押印の上、申込者に交付する場合は、相手方の申込みに対する承諾文書、すなわち契約の成立事実を証明するもの（いわゆる請書となるもの）と評価される。

☞前述Ⅰの「第 2　課税範囲　3　契約書に係る基本的事項　(1) 契約書の意義」(12 頁) 参照

事例 24 注文書(加工注文)
相手方の見積書に基づく注文書が契約書となる事例

製品メーカーのA株式会社は、下請のB株式会社からの加工見積書の提出を受け、その内容を確認の上、次のような注文書を作成して、B株式会社に提出しています。

＜文書の内容＞

No. 0130

注　文　書

平成 30 年 2 月 20 日

B 株 式 会 社　御中

A 株 式 会 社　㊞

平成 30 年 1 月 20 日付第 456 号の貴見積書に基づき、下記のとおり注文いたします。

1　注文内容

　○○加工　単価 5,000 円　数量 1000 個

2　受渡条件

　受渡期日；平成 30 年 5 月 31 日、受渡場所；○○工場

A 社の対応

単なる注文書(申込文書)であり、印紙税はかからないものと認識していた。そのため、印紙の貼付をしていない。

Ⅲ　税務調査で指摘される不納付事例と留意事項

> 税務調査官の指摘事項

相手方からの見積書に基づく注文書は、契約書に該当する。○○加工の契約なので、請負に関する契約書（第2号文書）となり、契約金額が500万円（単価5,000円×数量1000個）と計算できることから、2,000円の印紙貼付が必要となる。

> 解説

1　申込書、注文書などの取扱い

契約とは、申込みと承諾によって成立するものですから、契約の申込事実を記載した申込書、注文書、依頼書などは、通常、課税対象にはなりません（印基通21条1項）。

しかし、たとえ、これらの表題を用いている文書であっても、その記載内容によっては、契約の成立等を証する文書、すなわち、契約書になるものがあります。

契約の成立等を証する文書かどうかは、文書の記載文言等その文書上から客観的に判断するというのが印紙税の基本的な取扱いですから、申込書等と表示された文書が契約の成立等を証明する目的で作成されたものであるかどうかの判断も、基本的にその文書上から行うことになります（印基通2条、3条）。

このような契約の成立等を証明する目的で作成される文書は当然に契約書に該当するのですが、実務上、申込書、注文書等と表示された文書が契約書に該当するかどうかの判断はなかなか困難なことから、一般的に契約書に該当するものを基本通達で例示しています（印基通21条2項）。

2　相手方の見積書等に基づく注文書などの取扱い

一般的に契約書に該当するものの例示の1つが、見積書その他の契約の相手方当事者の作成した文書等に基づく申込みであることが記載されている当該申込書等です（印基通21条2項2号）。

これは、契約の相手方当事者が作成する見積書等がいわば契約の申込みであり、これに基づく申込書等は、その申込み（見積書等）に対する承諾文書となり、請書と同様の性格を有するからです。

ただし、契約の相手方当事者が別に請書等契約の成立を証明する文書を作成することが、当該注文書（申込文書）の中に記載されているものは、いまだ申込段階での文書と評価できることから、契約書からは除かれて課税されません。

3　結論

事例の文書は、下請B株式会社からの加工見積書に基づく注文書となっており、下請B株式会社からの請書の作成・交付があることについての記載がありません。

したがって、請負に関する契約書（第2号文書）となり、契約金額の500万円（単価5,000円×数量1000個）が記載金額となりますから、2,000円の印紙貼付が必要となります。

ADVICE 顧問先へのアドバイス

上記の解説に記載のとおり、契約の相手方当事者が別に請書等契約の成立を証明する文書を作成することが、当該注文書（申込文書）の中に記載されているものは、いまだ申込段階での文書と評価できることとなりますから、可能な場合には、その旨を明記することで、当社での節税が可能となります。

なお、これまで下請会社が請書等の作成を行っていない場合は、新たに下請会社に請書等の作成と印紙税の負担をお願いすることとなるので、事前に協議が必要となります。

実務のポイントをつかむ

☑ **見積書等に基づく注文書の取扱い**

　見積書その他の契約の相手方当事者の作成した文書等に基づく申込みであることが記載されている当該申込書等は、契約書に該当する（印基通21条2項2号）。

　ただし、契約の相手方当事者が別に請書等契約の成立を証明する文書を作成することが、当該注文書（申込文書）の中に記載されているものは、いまだ申込段階での文書と評価できることから、契約書から除かれ課税されない。

☞前述Ⅰの「第2　課税範囲　3　契約書に係る基本的事項　(5)申込書、注文書、依頼書等と表示された文書の取扱い」（14頁）参照

6 「注文書」、「申込書」、「依頼書」などの文書の不納付事例

事例25　御見積書（副）
見積書の副本が契約書となる事例

　A工事株式会社は、B工業株式会社から工事の見積書の提出を受けて、その内容を確認の後、その副本に決定した工事金額などを記載してB工業株式会社に交付しています。

＜文書の内容＞

NO.1145

御 見 積 書 （副）

【決定通知】　平成30年2月28日

A工事株式会社　殿

　下記のとおり御見積もり申し上げますから、ご用命賜りますようお願い申し上げます。

B工業株式会社　㊞

工事件名　〇〇ビル室内工事一式
一　　金　　3,580,000 円

工事費内訳	数量	単位	単価	金額（千円）	摘要
材料費	1	式		1,800	
加工費				1,200	
諸経費				580	
合計				3,580	

211

```
決定金額    3,240,000 円    平成30年3月10日
                A工事株式会社  工事担当  ㊞
```

〔参考〕最初にB工業株式会社が見積書の正副2通を作成し、2通ともA工事株式会社に送付し、2通送付を受けたA工事株式会社は、正本を自己の控えとし、後日副本に「決定通知」と赤インクで押印し、決定された契約金額を記載するとともに、担当者が押印してB工業株式会社に返送するものである。

A社の対応

工事業者である取引の相手方から受領した見積書の副本を利用して注文しているだけなので、印紙税はかからないものと認識していた。そのため、印紙の貼付をしていない。

税務調査官の指摘事項

相手方からの見積書に基づき協議して決定された工事代金を記載し、「決定通知」印と担当者印を押印して交付しており、工事契約の承諾文書として契約書に該当する。

請負に関する契約書（第2号文書）となり、決定した契約金額324万円が記載金額となり、1,000円（軽減税率適用）の印紙貼付が必要となる。

解説

1　見積書等に基づく申込文書の取扱い

契約は、申込みと承諾によって成立するものですから、契約の申込事実を記載した申込書、注文書、依頼書などは、通常、課税対象にはなりません。

しかし、たとえ、これらの表題を用いている文書であっても、その記載内容によっては、契約の成立等を証する文書、すなわち、契約書になるものがあります。

例えば、見積書その他の契約の相手方当事者の作成した文書等に基づく申込みであることが記載されている当該申込書等は、申込みに対する承諾文書（見積書が申込書と同様の文書と捉えれば、見積書に対する申込文書は承諾文書と評価するもの）となり、請書と同様の性格を有することから契約書に該当するものとして取り扱われます（印基通21条2項2号）。

ただし、契約の相手方当事者が別に請書等契約の成立を証明する文書を作成することが記載されているものは除かれます。

2 見積書（副本）に決定内容を記載して交付する文書の取扱い

事例のような文書も、相手方当事者（工事請負業者）の作成した見積書に基づく申込書等と同様のものと認められますから、契約書に該当することとなります。

ましてやその文書上に「決定通知」と押印して、決定金額の記載までされていますから、契約の相手方からの申込み（見積）に対して承諾（決定）したことを明記した文書となり、まさしく、契約書に該当することとなります。

3 結論

したがって、事例の文書は、請負に関する契約書（第2号文書）に該当し、工事決定金額324万円が記載金額となり、建設工事に係る契約であることから軽減税率（措法91条）が適用されて、1,000円の印紙貼付が必要となります。

ADVICE 顧問先へのアドバイス

見積書に対する注文書を別途作成して交付することに変更し、当該注文書に「請書を交付願います」と記載することとした場合には、いまだ協議

段階(申込段階)の文書と評価され、契約書には該当しないこととなります。

なお、事例の文書の交付をする場合においても、契約金額324万円について、消費税額を明記する(例えば「3,240,000円(うち消費税240,000円)」と記載する)ことで、消費税抜きの300万円が記載金額となり、印紙税額を500円(建設工事請負契約書に係る軽減税率適用)に抑えることができます。

 実務のポイントをつかむ

☑ **契約の成立等を証する文書の取扱い**

　契約は、申込みと承諾によって成立するものなので、一方の申込みに対して申込みを受けた側がその内容を承諾する文書を作成して交付する場合は、その表題が申込書、注文書などとなっている場合であっても、契約書を作成したものと評価されることになる。

　その文書中に、「決定」、「確認」、「証」などと記載して交付する文書は、まさに契約書そのものと評価されることとなる。

☞ 前述Ⅰの「第2　課税範囲　3　契約書に係る基本的事項　(5)申込書、注文書、依頼書等と表示された文書の取扱い」(14頁)参照

7　「変更契約書」、「補充契約書」などの文書の不納付事例

　一度契約した内容について、その後の経済状況の変化や、取引当事者間の諸事情などにより、既存の契約内容の見直しが行われることがあります。

　その見直しの態様には、既存の契約内容を変更するもの（変更契約書）や、既存の契約内容に不足する内容を補充するもの（補充契約書）などがあります。

　印紙税法における「契約書」とは、契約証書、協定書、約定書その他名称のいかんを問わず、契約（その予約を含みます。以下同じ。）の成立若しくは更改又は契約の内容の変更若しくは補充の事実（以下「契約の成立等」といいます。）を証すべき文書をいうとされていますから、これらの「変更契約書」、「補充契約書」などの文書であっても、課税事項が記載され、契約の成立を証するために作成される文書は、契約書に該当し、課税文書となります。

　また、契約を更改する契約書も、印紙税法上の契約書に含まれます（通則5）が、「更改」とは、既存の債務を消滅させて新たな債務を成立させることですから、その成立させる新たな債務の内容に従って課税文書の所属が決定されることになります（印基通16条）。

（注）契約の消滅のみを証する文書は、契約書ではありますが、課税文書とはなりません。

　ただ、実務においては、「変更契約書」、「補充契約書」などの文書には、貼付する必要がないもしくは一律200円の印紙のみ貼付すればよいと思い込んでいて、原契約書のみに貼付している事例や不納付となっている事例が、まま見受けられています。

　また、「変更契約書」、「補充契約書」などの文書に係る契約金額（記載金額）の把握、算定誤りや所属号の決定ルールの認識誤りなどによる不納付事例も見受けられています。

事例 26	請負契約変更契約書
	契約事項の一部変更契約書が課税文書となる事例

　工事の請負業者であるA株式会社は、請け負った工事の工期と施行箇所の変更について、発注者のB株式会社との間で協議が整ったため、次のような文書を作成し、B株式会社に交付しています。

＜文書の内容＞

　　　　　　　　　　　　　請負契約変更契約書

　　B株式会社　殿

　平成30年2月10日付工事請負契約書については、一部契約事項を次のとおり変更となりますこと承諾いたしました。

1　工期　変更前　平成30年4月1日～8月20日
　　　　　　変更後　平成30年4月1日～9月10日
2　施行箇所　　変更前　別紙記載の20箇所
　　　　　　　　変更後　別紙記載の22箇所

　平成30年3月20日

　　　　　　　　　　　　　　　　　　請負人　A株式会社　㊞

A社の対応

　契約内容の一部を変更するのみで、原契約の枠組みに大きく影響する内容ではないので、課税文書とは考えていなかった。そのため、印紙の貼付をしていない。

7 「変更契約書」、「補充契約書」などの文書の不納付事例

> 【税務調査官の指摘事項】

　課税事項としての重要事項である「請負期日（期限）」、「請負の内容」を変更するものなので、変更契約書として課税文書となり、請負に関する契約書（第2号文書）に該当する。なお、記載金額がないので、200円の印紙貼付が必要である。

> 【解説】

1　変更契約書の取扱い

　既に存在している契約（以下「原契約」といいます。）の内容を変更する契約書は、印紙税法上の契約書に含まれます（通則5）。

　「契約の内容の変更」とは、原契約の同一性を失わせないで、その内容を変更することをいいます（印基通17条1項）。この場合において、原契約が文書化されていたか、単なる口頭契約であったかは問いません。

2　変更契約書の重要事項

　印紙税法は、契約上重要な事項を変更する変更契約書を課税対象とすることとし、その重要な事項の範囲は印紙税法基本通達の別表第二「重要な事項の一覧表」に定められていますが、ここに掲げられているものは例示事項であり、これらに密接に関連する事項や例示した事項と比較してこれと同等、若しくはそれ以上に契約上重要な事項を変更するものも課税対象になります。

3　変更契約書に係る所属の決定

　変更契約書は、変更する事項がどの号に該当する重要な事項であるかにより文書の所属を決定することになるのですが、2以上の号の重要な事項が2以上併記又は混合記載されている場合とか、1つの重要な事項が同時に2以上の号に該当する場合には、それぞれの号に該当する文書として原契約書の所属の決定方法と同様に所属を決定することになります（この場合、原契約書の所属号には拘束されず、変更契約書について、改めて所属

217

号を決定することとなります。）（印基通17条2項2号）。

4 結論

事例の文書では、工期が3か月を超えていますが、1つの（単発の）請負契約の工期が長期にわたるものであって、2以上の請負取引を継続して行うこととなるものではなく、継続的取引の基本となる契約書（第7号文書）には該当しません（印令26条1号）。

したがって、事例の文書は、課税事項としての重要事項である「請負期日（期限）」、「請負の内容」を変更するものであり、請負に関する契約書（第2号文書）に単独で該当します（他の号の文書とはなりませんので2以上の号に所属する文書の所属の決定の判断を要しません。）。

また、この文書には記載金額がありませんので、200円の印紙貼付が必要となります。

ADVICE 顧問先へのアドバイス

原契約書にはしっかり印紙を貼っているので、この契約書の内容について変更する契約書については、原契約書に付属する文書というふうに捉えがちで、はなから課税文書には該当しないと思われがちです。

原契約の見直しがある場合に、それに伴って作成される文書がある場合には、印紙税の観点から、一度内容を確認する必要があります。

実務のポイントをつかむ

☑ **変更契約書の取扱い**

既に存在している契約（原契約）の内容を変更する契約書は、印紙税法上の契約書に含まれる（通則5）。

「契約の内容の変更」とは、原契約の同一性を失わせないで、その内容を変更することをいう（印基通17条1項）。この場合にお

いて、原契約が文書化されていたか、単なる口頭契約であったかは問わない。

☞ 前述Ⅰの「第2 課税範囲 3 契約書に係る基本的事項 （7）変更、補充、更改契約書の取扱い」（18頁）参照

事例27 覚書（運送業務委託の補充契約）
契約事項の一部補充契約が課税文書となる事例

　株式会社Aは、既に締結済の運送業務委託基本契約による委託料金の支払を銀行口座振込みによることについて、B株式会社との間で合意をみたので、その内容を契約に追加するため、次のような文書を作成しています。

＜文書の内容＞

覚　　書

　B株式会社（以下「甲」という。）と株式会社A（以下「乙」という。）とは、平成30年3月31日付運送業務委託基本契約書（以下「原契約書」という。）に関して、下記のとおり覚書を締結する。

　原契約書第8条（委託料金）に規定する業務委託料金について、乙は甲の請求に基づき、毎月25日までに甲の指定する銀行口座に振り込み、支払うものとする。

平成30年4月10日

　　　　　　　　　　　　　　　　　　B株式会社　㊞
　　　　　　　　　　　　　　　　　　株式会社A　㊞

A社の対応

　原契約約定日において取り決められていなかった一部の内容を補充するだけのものであり、原契約の内容が基本的に変わるものではないので、課税文書とは考えていなかった。そのため、印紙の貼付はしていない。

7 「変更契約書」、「補充契約書」などの文書の不納付事例

> **税務調査官の指摘事項**

　課税事項としての重要事項である「業務委託料（対価）の支払方法」を補充するものなので、課税文書となり、運送に関する契約書（第1号の4文書）と、継続的取引の基本となる契約書（第7号文書）とに該当し、記載金額がないので、第7号文書に所属決定となるため、4,000円の印紙貼付が必要である。

> **解説**

1　補充契約書の取扱い

　原契約の内容を補充する契約書は、印紙税法上の契約書に含まれます（通則5）。

　「契約の内容の補充」とは、原契約の内容として欠けている事項を補充することをいい（印基通18条1項）、この場合において、原契約が文書化されていたか、単なる口頭契約であったかは問いません。

2　補充契約書の重要事項

　印紙税法は、契約上重要な事項を補充する補充契約書を課税対象とすることとし、その重要な事項の範囲は印紙税法基本通達の別表第二「重要な事項の一覧表」に定められていますが、ここに掲げられているものは例示事項であり、これらに密接に関連する事項や例示した事項と比較してこれと同等、若しくはそれ以上に契約上重要な事項を補充するものも課税対象になります。

3　補充契約書に係る所属の決定

　補充契約書は、補充する事項がどの号に該当する重要な事項であるかにより文書の所属を決定することになるのですが、2以上の号の重要な事項が2以上併記又は混合記載されている場合とか、1つの重要な事項が同時に2以上の号に該当する場合には、それぞれの号に該当する文書として原契約書の所属の決定方法と同様に所属を決定することになります（この場

合、原契約書の所属号には拘束されず、補充契約書について、改めて所属号を決定することとなります。)(印基通18条2項2号)。

4 結論

事例の文書は、2以上の運送取引を継続して行うための基本契約書(原契約書)の内容で足りない事項(重要な事項となる業務委託料金の支払方法)を補充する内容となっています。

そうすると、運送に関する契約書(第1号の4文書)と、継続的取引の基本となる契約書(第7号文書)とに同時に該当することになります。

この場合には、契約金額(=記載金額)の有無により、運送に関する契約書(第1号の4文書)又は継続的取引の基本となる契約書(第7号文書)のいずれかに所属が決定されることとなります。

事例の文書には記載金額がありませんので、印紙税法別表第一の「課税物件表の適用に関する通則」3イただし書の規定により、第7号文書に所属が決定されることとなり、4,000円の印紙貼付が必要となります。

ADVICE 顧問先へのアドバイス

事例のような補充事項(課税事項)については、できる限り原契約書の中で取り決めておいて、後日補充契約書の作成の必要がないように心がける必要があります。

なお、事例のような2以上の運送取引を継続して行うための基本契約書(原契約書)では、業務委託料金を月額単価として取り決める場合が多いのですが、そのような契約書の場合には、原契約書には月額単価を記載せずに、別途覚書において月額単価を記載するなどにより、その記載の態様によっては節税効果が出る場合があります。

〔参考〕「事例1　車両賃貸借契約書」(96頁)、「事例4　業務委託契約書」(110頁)の解説などを参照

実務のポイントをつかむ

☑ **補充契約書の取扱い**

　既に存在している契約（原契約）の内容を補充する契約書は、印紙税法上の契約書に含まれる（通則5）。

　「契約の内容の補充」とは、原契約の内容として欠けている事項を補充することをいい、原契約が文書化されていたかどうかを問わないこと、契約上重要な事項を補充するものを課税対象とすること、補充する事項がどの号に該当する重要な事項であるかにより文書の所属を決定することは、事例26のような変更契約書の場合と同じである（印基通18条）。

☞前述Ⅰの「第2　課税範囲　3　契約書に係る基本的事項　(7)変更、補充、更改契約書の取扱い」（18頁）参照

事例28	売買契約上の地位承継覚書（基本契約上の買主たる地位の譲渡契約）
	契約上の地位の承継が契約の更改に当たり課税文書となる事例

　株式会社Aは、取引先のB株式会社との間で既に締結済の商品売買基本契約における買主としてのB株式会社の地位を、第三者であるC株式会社に承継することを承認するため、関係の3社の間で、次のような文書を作成しています。

＜文書の内容＞

売買契約上の地位承継覚書

　B株式会社（以下「甲」という。）とC株式会社（以下「乙」という。）並びに株式会社A（以下「丙」という。）は、甲の売買契約上の買主としての地位の承継につき、以下のとおり約定する。

第1条　甲は、甲と丙との間で締結した平成29年4月1日付「商品売買基本契約書」における甲の買主たる地位（現存債権、担保権一切を含む。）を、平成30年3月31日満了時をもって、乙に譲渡し、乙はこれを譲り受け、丙はこれを意義なく承諾した。

第2条　甲は前条の譲渡につき、譲渡日後、遅滞なく担保物を乙に引き渡し、登記その他必要な手続をとるものとする。

（以下略）

平成30年3月31日

　　　　　　　　　　　　　　　　甲　　B株式会社　㊞
　　　　　　　　　　　　　　　　乙　　C株式会社　㊞

         丙 株式会社Ａ ㊞

A社の対応

　Ｂ株式会社との間の基本契約を解消させるものであるから、Ｃ株式会社とは改めて契約を結ぶこととしていたので、課税文書とは考えていなかった。そのため、印紙の貼付をしていない。

税務調査官の指摘事項

　この文書は、丙（Ａ社）と甲（Ｂ社）との間の既存の売買取引の基本契約を消滅させて、同一の取引条件で丙（Ａ社）と乙（Ｃ社；甲の地位の譲受人）との間の売買取引の契約を新たに成立させるものであり、更改契約書に該当する。

　既存の売買取引基本契約書を引用しており、継続的取引の基本契約書（第7号文書）に該当するので、4,000円の印紙貼付が必要である。

解説

1　更改契約書の取扱い

　契約を更改する契約書は、印紙税法上の契約書に含まれます（通則5）。「更改」とは、既存の債務を消滅させて新たな債務を成立させることですから、その成立させる新たな債務の内容に従って課税文書の所属が決定されることになります（印基通16条）。

　更改には、例えば、次のようなものがあります。

① 　債権者の交替による更改

　　甲の乙に対する債権を消滅させて丙の乙に対する債権を新たに成立させる場合をいいます。

② 　債務者の交替による更改

　　甲の乙に対する債権を消滅させて甲の丙に対する債権を新たに成立さ

せる場合をいいます。

③　目的の変更による更改

　　金銭の支払債務を消滅させて土地を給付する債務を新たに成立させるような場合をいいます。

2　更改契約書の課税事項と所属の決定

　更改契約書については、上記のとおり既存の債務を消滅させて新たな債務を成立させる契約書ですから、その新たな債務の内容が課税事項に該当するのか、課税事項に該当した場合には、どの号にその所属が決定されるのかを判断することとなります。

3　結論

　事例の文書では、丙（A社）と甲（B社）の既存の売買取引の基本契約を消滅させて、同一の取引条件で丙と乙（C社；甲の地位の譲受人）との間の売買取引の契約を成立させることを内容としており、更改契約書に該当します。

　そして、この覚書文書において、丙（A社）と甲（B社）との間で締結していた既存の売買取引基本契約書を引用した上で、甲（B社）の契約上の地位を乙（C社）に承継するとすることで、新たに丙（A社）と乙（C社）との間における売買取引基本契約の成立を証する文書となっています。

　したがって、事例の文書は、継続的取引の基本契約書（第7号文書）に該当するので、4,000円の印紙貼付が必要となります。

（注）甲（B社）の契約上の地位を乙（C社）に承継（譲渡）する部分が、譲渡契約だと評価した場合には、その部分は債権の譲渡に関する契約書（第15号文書）の課税事項となります。

　　なお、この場合でも、継続的取引の基本契約書（第7号文書）の課税事項の記載もあることから、印紙税法別表第一の「課税物件表の適用に関する通則」3ハの適用によって、第3号から第17号までに掲げる文書のうち2以上の号に掲げる文書に該当する文書は最も号数の少ない号に掲げる文書

となるので、継続的取引の基本契約書（第7号文書）に所属が決定されることとなりますから、結果は同じものとなります。

ADVICE 顧問先へのアドバイス

乙（C社）との間で改めて売買基本契約を結ぶのであれば、丙（A社）と甲（B社）の間の既存の契約を消滅させる覚書をいったん締結し（この覚書は不課税文書となります。）、その上で、丙（A社）と乙（C社）との間で、改めて基本契約を結ぶこととします。

実務のポイントをつかむ

☑ **更改契約書の取扱い**

　契約を更改する契約書は、印紙税法上の契約書に含まれる（通則5）。

　「更改」とは、既存の債務を消滅させて新たな債務を成立させることであり、その成立させる新たな債務の内容に従って課税文書の所属が決定される（印基通16条）。

☞前述Ⅰの「第2　課税範囲　3　契約書に係る基本的事項　(7)変更、補充、更改契約書の取扱い」（18頁）参照

8 「通知書」、「通知票」、「連絡書」などの文書の不納付事例

　契約当事者がそろって作成する文書を共同作成文書といいます。

　これに対して、取引の片一方の当事者が一方的に作成する文書を、単独作成文書といい、この単独作成文書も、その内容次第では印紙税法上の契約書に該当してきます。

　ところが、「通知書」、「通知票」、「連絡書」などといった文書は、単なる一方的な通知・案内文書であって、契約書には該当しないと思い込んでいる（そう認識している）ケースがまま見受けられます。

　このような文書であっても、契約の申込みに対して、承諾の意思表示を記載して相手方に交付する文書は、契約書に該当することとなり、記載内容に課税事項があれば、課税文書となり、印紙の貼付が必要となるのです。

　単独作成文書のうち、その表題（タイトル）が、念書、請書、承諾書、覚書、差入証などとなっている文書はそれだけで「商慣習上、契約の成立を証明する文書」と認められる場合が多く、現に課税文書に該当するケースが少なくありません。

　また、案内書や連絡書などといった表題（タイトル）となっていて、契約書らしくなっていない文書であっても、文中に、「契約」、「約定」、「受託」、「承諾」、「確認」、「証」などといった契約の成立を表す文言が記載されているものは、そのほとんどが取引当事者間では了解事項の記載がなされているもので、契約の成立を証する内容となっており、この場合は課税文書に該当することになります。

事例29 価格変更確認通知書（加工単価通知）
加工単価の変更通知書が契約書となる事例

　A株式会社は、下請会社であるB株式会社との間で加工単価を協議し、合意した内容について通知するために、次のような文書を作成しています。

＜文書の内容＞

価格変更確認通知書

2018年3月31日

B株式会社　殿

A株式会社　㊞

　表題の件、2018年3月20日付で下記内容にて合意しましたので、本書により確認致します。

NO	品番	品名	変更後単価	適用年月日
1	0000-00	Abcdef	690.00	2018年4月1日
2	1111-11	Ghijklm	780.00	2018年4月1日
3	2222-22	Nopqrs	854.00	2018年4月1日

A社の対応

　単なる通知書（お知らせ文書）と考えており、印紙税はかからないものと認識していた。そのため、印紙貼付はしていない。

Ⅲ 税務調査で指摘される不納付事例と留意事項

> 税務調査官の指摘事項

　製品メーカーであるA株式会社と下請会社であるB株式会社との間で加工単価を協議し、合意した内容をA株式会社からB株式会社に対して通知したものである。これは、営業者間における継続する請負（委託加工）取引に共通して適用される取引条件のうち、単価（変更後単価）を定めるものなので、請負に関する契約書（第2号文書）と継続的取引の基本となる契約書（第7号文書）に該当し、課税物件表の適用に関する印紙税法別表第一の「課税物件表の適用に関する通則」（以下「通則」といいます。）3ただし書の規定により第7号文書に所属決定となる。したがって、4,000円の印紙貼付が必要である。

> 解説

1　契約書に該当する「通知書」等とは

　「通知書」、「通知票」、「連絡書」等、通常連絡文書に用いられる名称が付された文書であっても、その文書の記載内容等から、当事者間で協議の上、決定した内容について後日の証とするために作成することが明らかな文書は、契約が成立したことを証明する目的で作成される文書であり、印紙税法上の契約書として取り扱われます（通則5）。

　そして、事例のように、下請会社との間で加工単価を協議し、そこで決定した内容を通知する文書は、第2号文書及び第7号文書における重要事項として規定されている「単価」（印基通別表第二参照）を変更又は補充する文書となり、印紙税法上の契約書に該当することとなります（印基通12条、17条、18条）。

2　「単価決定通知書」等の取扱い

　具体的には、次のような内容の「単価決定通知書」等と称する文書が契約書として取り扱われます。

①　当該文書に契約当事者双方の署名又は押印のあるもの

② 当該文書に「見積単価」及び「決定単価」、「申込単価」及び「決定単価」又は「見積 NO.」等の記載があることにより、当事者間で協議し、単価を決定したと認められるもの
③ 委託者から見積書等として提出された文書に、決定した単価等を記載して当該委託先に交付するもの
④ 当該文書に「契約単価」、「協定単価」又は「契約納入単価」など、通常契約の成立事実を証すべき文言の記載のあるもの
⑤ 当事者間で協議の上、決定した単価を当該文書により通知することが基本契約書等に記載されているもの
(注) 上記②から⑤までに該当するものについては、契約の相手方（下請業者など）が、この通知に対して「承諾書」などの契約の成立事実を証明する文書を作成することが明らかな場合は除かれます。

3　結論

事例の文書は、継続して行う請負契約に適用される加工料等について協議し、合意された単価を定める文書となりますから、請負に関する契約書（第2号文書）と継続的取引の基本となる契約書（第7号文書）に該当します。

なお、事例の文書には単価の記載はありますが、契約金額の記載がありません（契約金額を算出することができません）ので、通則3イただし書の規定により第7号文書に所属が決定されます。したがって、4,000円の印紙貼付が必要となります。

ADVICE 顧問先へのアドバイス

上記解説の2の①～⑤のような文書に該当しないよう修正が可能であれば、不課税文書として取り扱われます。

例えば、「価格変更確認依頼書」として、「7日以内に諾否のご連絡を願います」といった記載文言とすることで、いまだ合意まで至っていない協

議過程の文書と評価できる内容とすることなどです。
（注）通知先である取引の相手方から改めて「承諾文書」を受領する場合は、その承諾文書が契約書となることに留意してください。

実務のポイントをつかむ

☑ **「通知書」等の文書も契約書となる場合**

「通知書」等と称する文書であっても、契約当時者間において、契約の成立等を証するために作成されるものは契約書に該当する。例えば、次の通知書等は契約書に該当する。
① 相手方の申込みに対して応諾することがその文書上明らかなもの
② 基本契約書等を引用していることにより、双方の合意に基づくものであることが明らかであるもの
☞ 前述Ⅰの「第2　課税範囲　3　契約書に係る基本的事項　(1)契約書の意義」(12頁)参照

☑ **継続的取引に係る「単価決定通知書」の所属決定**

継続して行う請負取引などに適用される単価を定める「単価決定通知書」は、請負に関する契約書（第2号文書）に該当すると同時に、継続的取引の基本契約書（第7号文書）にも該当（印令26条1号）することになることから、通則3による所属の決定が必要となる。
☞ 前述Ⅰの「第4　文書の所属の決定　3　2以上の号の課税事項を記載した文書の所属の決定」(47頁)参照

事例 30　ご旅行引受案内書（旅行条件書の引用）
引用文書の内容から判断して課税文書に該当する事例

　Aトラベル株式会社は、旅行業務を引き受けた場合に、顧客に対して、次のような文書を作成して交付しています。

＜文書の内容＞

ご旅行引受案内書

○○　○○　様

　　　　　　　　　　　　　　　　Aトラベル株式会社　㊞

下記のとおりお引き受けいたしました。
1　ご旅行日程　　平成30年4月28日（土）～5月6日（日）
2　ご旅行条件等　平成30年4月16日付「『○○ツアー』ご旅行
　　　　　　　　条件書」及び弊社旅行業約款に記載のとおり。

〔参考〕

「○○ツアー」ご旅行条件書

1　ご旅行日程　平成30年4月28日（土）～5月6日（日）
2　ご宿泊　一泊目○○ホテル、二泊目●●ホテル…
3　ご旅行代金　8,000,000円
　　　　　　　　（中略）
　　　　　平成30年4月16日　　Aトラベル株式会社　㊞

A社の対応

引受案内書には具体的な内容は記載しておらず、かつ、金額の記載もないため、200円の印紙を貼付しておけばよいと認識していた。

国税調査官の指摘事項

引受案内書において、旅行者に事前に示していた「『○○ツアー』ご旅行条件書」を引用しており、引用された内容は引受書に記載されている取扱いとなる。

したがって、請負に関する契約書（第2号文書）に該当し、契約旅行代金800万円が記載金額となるので、1万円の印紙貼付が必要となる（9,800円が不納付となっている。）。

解説

1 他の文書を引用している文書の取扱い

文書の内容に原契約書、約款、見積書その他その文書以外の文書を引用する旨の文言の記載がある場合は、引用されている文書の内容がその文書の中に記載されているものとして、その文書の内容を判断します（印基通4条1項）。

〔具体例〕

① 「○月○日付の『貸付条件のご案内書』のとおり借用いたします」と記載された借用書については、引用した「貸付条件のご案内書」に記載されている内容が、
　イ　金銭等の消費貸借を内容とするもの
　　⇒第1号の3文書（消費貸借に関する契約書）に該当
　ロ　物品等の使用貸借又は賃貸借を内容とするもの
　　⇒不課税文書に該当

② 「○月○日付の注文書のとおりお請けいたします」と記載された注文

請書については、引用した「注文書」に記載されている内容が、
　イ　請負についてのもの
　　⇒第2号文書（請負に関する契約書）に該当
　ロ　物品の売買についてのもの
　　⇒不課税文書に該当

2　「記載金額」と「契約期間」に係る「引用」の取扱い

　なお、「記載金額」と「契約期間」については、印紙税法が「当該文書に記載された金額」、「契約期間の記載のあるもの」というように、原則として、その文書に記載された金額及び契約期間をいうことを明らかにしていますので、たとえ引用されている他の文書の内容を取り入れると金額及び期間が明らかとなる場合であっても、その文書には記載金額及び契約期間の記載はないことになります（印基通4条2項）。

3　第1号文書、第2号文書及び第17号の1文書の記載金額の特例

　ただし、第1号文書（不動産の譲渡契約書等）、第2号文書（請負に関する契約書）及び第17号の1文書（売上代金に係る金銭又は有価証券の受取書）については、その文書に具体的な金額の記載がない場合であっても、印紙税法別表第一の「課税物件表の適用に関する通則」（以下「通則」といいます。）4ホ(2)又は(3)の規定により、記載金額があることになる場合がありますので注意が必要です（印基通4条2項（注））。

　第1号又は第2号に掲げる文書に、その文書に係る契約についての契約金額又は単価、数量、記号その他の記載のある見積書、注文書その他これらに類する文書（課税物件表に掲げる文書に該当するものは除きます。）の名称、発行の日、記号、番号等の記載があることにより、当事者間においてその契約についての契約金額が明らかである場合又は計算をすることができる場合には、その明らかである契約金額又は計算により算出された契約金額が記載金額となります（通則4ホ(2)）。

〔具体例〕

　工事請負注文請書に、「請負金額は貴注文書第○号のとおりとする」と

する工事請負に関する注文請書で、注文書に記載されている請負金額が500万円である場合⇒第2号文書　記載金額は500万円

4　結論

事例の引受案内書においては、旅行者に事前に提示していた「『○○ツアー』ご旅行条件書」の記載内容を引用しており、引用された内容は引受案内書に記載されているものとして取り扱われますから、請負に関する契約書（第2号文書）に該当することとなり、通則4ホ(2)の規定により、引用されている旅行代金800万円が記載金額となります。

したがって、1万円の印紙貼付が必要となります。

ADVICE　顧問先へのアドバイス

顧客サービス上問題がなく、可能であれば、「ご旅行条件書」など特定の文書の引用を省略し、「ご旅行条件は先日ご案内のとおりです」とすることで、契約金額の引用をしないことが可能です。

実務のポイントをつかむ

☑ **他の文書を引用している文書の課否判断**

　文書の内容に原契約書、約款、見積書その他その文書以外の文書を引用する旨の文言の記載がある場合は、引用されている文書の内容がその文書の中に記載されているものとして、その文書の内容を判断する（印基通4条1項）。

　ただし、「記載金額」と「契約期間」については、たとえ引用されている他の文書の内容を取り入れると金額及び期間が明らかとなる場合であっても、その文書には記載金額及び契約期間の記載はないことになる（印基通4条2項）。

（注）第1号文書（不動産の譲渡契約書等）、第2号文書（請負に

関する契約書）及び第17号の1文書（売上代金に係る金銭又は有価証券の受取書）については、その文書に具体的な金額の記載がない場合であっても、通則4ホ(2)又は(3)の規定により、記載金額があることになる場合があるので注意が必要となる。

☞前述Ⅰの「第2　課税範囲　2　課税文書に関する基本的事項　(2) 他の文書を引用している文書の判断」（9頁）参照

事例31	**社内住宅融資貸付決定通知書** 社内の貸付決定通知書が消費貸借契約書に該当する事例

　A株式会社は、福利厚生の一環として、社員に対する融資業務を行っており、社員からの融資申込みの審査を終えた段階で、次のような文書を作成して申込者に交付しています。

＜文書の内容＞

　　　　　　　　　社内住宅融資貸付決定通知書　　　貸付NO.1234

　　　　　　　　　　　　　　　　　　　　　　　　　　2018年3月1日

　甲野太郎　殿

　　　　　　　　　　　　　　　　　　　　　　A株式会社○○部△課

1　●月●日付でお申込みのありました資金について、審査の結果、下記のとおり融資の決定をしましたので通知します。

貸付決定額	￥6,000,000	利率	年1.5％
返済期限	2025年8月31日	用途	住宅資金

2　融資手続を●月●日に行いますので、下記の書類を持参の上、手続き願います。

　　（以下省略）

A社の対応

　当社では、従業員からの住宅資金等の借入申込みに対し、審査の結果、貸付けを決定した旨を記載した「貸付決定通知書」を申込者へ交付しているが、単なる融資手続の案内文書であり、また、後日貸付けの実行に当た

り「金銭消費貸借契約書」を正式に交わすこととしていることから、この通知書には印紙の貼付はしていない。

税務調査官の指摘事項

住宅資金などの借入れの申込みに対して、承諾した旨を通知する文書は、金銭の消費貸借契約の成立（その予約を含む。）を証する文書であり、後日正式な契約書を作成するか否かにかかわらず、課税文書（消費貸借に関する契約書；第1号の3文書）となる。

記載金額が600万円とあるので、1万円の印紙貼付が必要である。

解説

1　貸付決定通知書等と称する文書の取扱い

銀行や保険会社等金融機関による融資の場合に限らず、会社内における福利厚生業務の一環として、従業員からの貸付けの申込みに対し申込者の返済能力等を審査の上金銭を貸し付けることを決定し、貸付内容等を記載して申込者へ交付する貸付決定通知書等と称する文書は、金銭貸付けの申込みに対する承諾の意思表示を明らかにする目的で作成される文書ですから、消費貸借に関する契約書（第1号の3文書）に該当することになります（印基通別表第一第1号の3文書の10）。

そして、印紙税は文書ごとに課税されますから、たとえこの「貸付決定通知書」を交付した後に、改めて「借用証書」や「金銭消費貸借契約書」などの正式な契約書を作成する場合であっても、それぞれ別の契約書として課税されることになります。

2　「通知書」等が契約書に該当する場合

単に申込みを受け付けて、この後貸付手続をとることの案内のみを内容とする文書は、契約書には当たらず不課税文書となりますが、「通知書」、「案内書」と表示された文書であっても、申込みに対する承諾の意思表示を明らかにした文書は、契約書となり、金銭の貸付けに係る内容のもので

あれば、消費貸借に関する契約書（第 1 号の 3 文書）に該当することになります。

3　結論

したがって、事例の文書は、消費貸借に関する契約書（第 1 号の 3 文書）に該当し、貸付決定額の 600 万円が記載金額となり、1 万円の印紙貼付が必要となります。

なお、貸付けを実行した後において、貸付金額やその振込先などを借入人に通知する目的で作成される文書は、不課税文書となります。

ADVICE 顧問先へのアドバイス

この通知書を貸付実行前の手続案内の趣旨で作成しているのだとすれば、例えば次のような融資手続の実施を案内する文書とし（貸付内容等の記載を省略するなどし）、金銭消費貸借の申込みに対する承諾文書（契約書）と評価されないような文書とすることで、貸付実行に当たり作成する正式な契約書のみを課税文書とすることが可能となります。

　お申込みのありました住宅資金の融資手続については、下記により実施いたしますので、○月○日までに次の必要書類等を持参の上、お手続きいただきますようご案内いたします。

1　△△証明書
2　□□書
3　ご印鑑

---

8 「通知書」、「通知票」、「連絡書」などの文書の不納付事例

 実務のポイントをつかむ

☑ **「通知書」等の文書も契約書となる場合**

　「通知書」等と称する文書であっても、契約当時者間において、契約の成立等を証するために作成されるものは契約書に該当する。例えば、次の通知書等は契約書に該当する。

① 相手方の申込みに対して応諾することがその文書上明らかなもの
② 基本契約書等を引用していることにより、双方の合意に基づくものであることが明らかであるもの

　☞前述Ⅰの「第2　課税範囲　3　契約書に係る基本的事項　(1)契約書の意義」(12頁)参照

☑ **貸付実行前における貸付決定通知書の取扱い**

　金銭等の貸付けに当たって貸付実行前に作成される文書で、貸付決定金額、貸付利率など貸付けの内容を記載して、融資の申込者に対して交付する文書は、貸付けの予約を証する目的で作成されるものであり、消費貸借に関する契約書(第1号の3文書)に該当する(印基通別表第一第1号の3文書の10)。なお、たとえ、後日改めて「借用証書」や「金銭消費貸借契約書」などを正式に作成する場合であっても、それとは別に課税されることとなる。

（注）貸付実行前に貸付手続の案内を内容とするものは、課税文書には該当しない。

事例32 業務内容通知書（受注内容の通知）
受注内容の通知書が課税文書となる事例

A株式会社は、顧客から請け負った製品作成についてその受注内容を通知するために、次のような文書を作成しています。

＜文書の内容＞

```
                    業務内容通知書

  B株式会社○○課　御中
                              A株式会社□□業務部業務課

    受注番号　0056789
        製品名　パンフレット作成
        作成費　原稿作成費　　　900,000 円
                版下作成費　　　200,000 円
                計　　　　　1,100,000 円
```

A社の対応

担当部署で発注者と事前に相談した個々の業務内容について、一方的に通知するものなので、契約書には当たらないと認識しており、印紙の貼付は行っていない。

税務調査官の指摘事項

受注金額等の交渉後に発注者からの依頼内容を承諾する目的で作成する文書であり、請負に関する契約書（第2号文書）に該当し、記載金額は110万円とあるので、400円の印紙貼付が必要となる。

解説

1 契約書とは

印紙税法上の「契約書」とは、契約証書、協定書、約定書その他名称のいかんを問わず、契約（その予約を含みます。以下同じ。）の成立若しくは更改又は契約の内容の変更若しくは補充の事実（以下「契約の成立等」といいます。）を証すべき文書をいい、念書、請書その他契約の当事者の一方のみが作成する文書又は契約の当事者の全部若しくは一部の署名を欠く文書で、当事者間の了解又は商慣習に基づき契約の成立等を証することになっているものも含まれます（通則5）。

そして、「契約」とは、互いに対立する2個以上の意思表示の合致、すなわち一方の申込みと他方の承諾によって成立する法律行為ですから、「契約書」とは、その2個以上の意思表示の合致の事実を証明する目的で作成される文書をいうことになります（印基通14条）。

2 結論

事例の文書は、契約相手先（発注者）との間で、事前協議を行った結果、合意に至った受注業務の内容について、受注者（A株式会社）側が作成し交付する文書であり、契約相手方からの申込みに対して、それを承諾する目的で作成し、契約相手先に対して交付する文書（いわゆる請書となるもの）ですから、印紙税法上の契約書に該当します。

そして、事例の文書においては、パンフレットの作成を請け負うものであることから、請負に関する契約書（第2号文書）に該当し、記載金額は110万円とあるので、400円の印紙貼付が必要となります。

ADVICE
顧問先へのアドバイス

この事例の場合、原稿作成費や版下作成費について、単価のみ取り決めて通知する内容とする（例えば「原稿1枚につき○○円」、「版下1部につ

き〇〇円」）ことにより、契約金額のない請負に関する契約書（第2号文書）として200円の印紙税負担に抑えることができます。

実務のポイントをつかむ

☑ 「通知書」等の文書も契約書となる場合

　「通知書」等と称する文書であっても、契約当時者間において、契約の成立等を証するために作成されるものは契約書に該当する。例えば、次の通知書等は契約書に該当する。

① 相手方の申込みに対して応諾することがその文書上明らかなもの
② 基本契約書等を引用していることにより、双方の合意に基づくものであることが明らかであるもの

☞前述Ⅰの「第2　課税範囲　3　契約書に係る基本的事項　(1)契約書の意義」（12頁）参照

9 「お買上票(レシート)」、「清算票」、「受取書」などの文書の不納付事例

　「金銭又は有価証券の受取書」とは、金銭又は有価証券の引渡しを受けた者がその受領事実を証明するために作成し、その引渡者に交付する単なる証拠証書をいいます。

　したがって、「領収書」、「受取書」と記載された文書はもちろんのこと、「仮領収書」や「レシート」と称されるものや、受取事実を証明するために「代済」、「相済」、「了」、「領収」等と記載された「お買上票」、「納品書」、「請求書」等も第17号文書（金銭又は有価証券の受取書）に該当します（印基通別表第一第17号文書の1及び2）。

　そして、文書の表題、形式がどのようなものであっても、受取事実を証明するために請求書やお買上票等に「代済」、「相済」、「了」等と記入したものなども、その作成目的が金銭又は有価証券の受取事実を証明するものであるものは、金銭又は有価証券の受取書に該当します。

　例えば、売り場のレジスターなどから発行されるレシートを交付する場合など、商品を現金販売した場合に顧客に交付される「お買上票」、「清算票」、「明細書」などと記した文書が交付されており、そこには金銭を受領した旨の文言はない場合があります。

　しかしながら、文書の記載内容、形態、発行状況などから、当事者間においては、一般に商品の売上代金の受領事実を証するものであると認識されて授受されるものである場合には、売上代金に係る金銭の受取書に該当し、印紙の貼付が必要となります。

　これについて、実務においては、小売店などでの現金販売の場合に顧客に交付される「お買上票（レシート）」、「清算票」、「明細書」などといった文書は、顧客のお買上商品の明細書であり、表題が「受取書」、「領収書」となっていないことから、課税文書にはならないものと誤解している事例が見受けられるところです。

　また、「受取書」、「領収書」として作成した文書であっても、売上代金

の受取か否かの判断を誤り、売上代金に係る金銭又は有価証券の受取書に対する階級定額税率の適用をしていないために、不納付を指摘される例などが見受けられています。

9 「お買上票(レシート)」、「清算票」、「受取書」などの文書の不納付事例

事例 33	お支払完了の御礼 分割払金の支払完了を知らせる文書が金銭の受取書となる事例

　A株式会社は、クレジット利用による分割払いで商品購入をした顧客から、最終の分割払金を受領した際に、その顧客に対して分割払金の支払完了を知らせるため、次のような文書を作成して送付しています。

＜文書の内容＞

お支払完了の御礼

　毎度Bクレジットを御利用いただき誠にありがとうございます。

　このたびの御入金をもちまして、購入代金の支払が完了いたしましたので、ご通知申し上げます。

　今後とも▲▲製品をご愛用いただきますようお願い申し上げます。

契約番号	契約年月	最終お支払額	お支払完了
01468	29年3月	300,000円	30年2月

商　品　名
▲▲製品

　製品のご継続購入については、下記までご相談下さい。

　　　　　　　　　　　　　　　　　　A株式会社　●●課

> **A社の対応**

単なる御礼を兼ねた通知案内文書であり、印紙税の課税文書とは認識していなかった。そのため、印紙の貼付はしていない。

> **税務調査官の指摘事項**

製品の購入代金のうち最終の分割払金の受領を証する文書であり、売上代金に係る金銭の受取書（第17号の1文書）に該当し、200円の印紙貼付が必要である。

解説

1　金銭又は有価証券の受取書の意義

「金銭又は有価証券の受取書」とは、金銭又は有価証券の引渡しを受けた者がその受領事実を証明するために作成し、その引渡者に交付する単なる証拠証書をいいます。

つまり、金銭又は有価証券の受領事実を証明する全ての文書をいい、債権者が作成する債務の弁済事実を証明する文書に限らないのです（印基通別表第一第17号文書の1及び2）。

ですから、「領収書」、「受取書」と記載された文書はもちろんのこと「仮領収書」や「レシート」と称されるものや、受取事実を証明するために「代済」、「相済」、「了」、「領収」等と記載された「お買上票」、「納品書」、「請求書」等も第17号文書（金銭又は有価証券の受取書）に該当してきます。

そして、文書の表題、形式がどのようなものであっても、その作成目的が金銭又は有価証券の受取事実を証明するものであるものは、金銭又は有価証券の受取書に該当します。

2　結論

事例の文書は、そのタイトルが「御礼」となっていますが、全体の記載

文言からみて、最終の分割払金を受領したことを証明するために作成する文書と認められますから、売上代金に係る金銭の受取書（第17号の1文書）に該当します（受領金額が5万円未満の場合は非課税となります。）。

したがって、受領金額が100万円以下であるので、200円の印紙貼付が必要となります。

ADVICE 顧問先へのアドバイス

可能であれば、代金完済の旨（入金、完済といった記載内容）を通知する文書でなく、割賦販売契約の終了あるいは契約終了に伴う製品の継続購入の案内といった文書（不課税文書）となるよう記載内容を工夫することとします。

実務のポイントをつかむ

☑ 「金銭又は有価証券の受取書」とは

　金銭又は有価証券の引渡しを受けた者がその受領事実を証明するために作成し、その引渡者に交付する単なる証拠証書をいう。

☞前述Ⅰの「第2　課税範囲　4　課税文書の取扱い（主な課税文書の概要）(8) 第17号文書」（32頁）参照

事例 34 領収書（敷金の領収）
売上代金以外の金銭の受取でも売上代金の受取書となる事例

建物の賃貸を行っている A 株式会社は、賃借人から敷金を受領した際に、次のような領収書を作成し、賃借人に対して交付しています。

＜文書の内容＞

```
                    領　収　書

    B 株式会社　殿
              一、弐百万円　也
                          右正に受け取りました。

              平成 30 年 3 月 31 日        A 株式会社　㊞
```

A 社の対応

建物賃貸借に係る敷金の受領書であるので、第 17 号の 2 文書として 200 円の印紙を貼付している。

税務調査官の指摘事項

敷金の領収である旨が明記されていないから、売上代金に係る金銭の受取書（第 17 号の 1 文書）として取り扱われるので、400 円の印紙貼付が必要（200 円が不納付）である。

解説

1 売上代金の受取書となる文書

次のような受取書は、売上代金の受取書（第17号の1文書）として取り扱われることになり、記載金額に応じた階級定額税率が適用されます。

(1) 受取金額の一部に売上代金を含む受取書

なお、記載金額は次のとおりとなります。

① 受取書の記載金額を売上代金に係る金額とその他の金額とに区分することができるものは、売上代金に係る金額がその受取書の記載金額になります（通則4ハ(1)）。

② 受取書の記載金額が売上代金に係る金額とその他の金額とに区分することができないものは、その受取金額全額が受取書の記載金額になります（通則4ハ(2)）。

③ ②の場合で、その他の金額の一部だけ明らかな場合は、その明らかな金額を除いた金額が、その受取書の記載金額になります（通則4ハ(2)）。

(2) 受取代金の内容が明らかにされていない受取書

受取金額の全部又は一部が売上代金であるかどうかが、受取書の記載事項により明らかにされていない受取書は、売上代金に係る受取書とみなされます（印法別表第一課税物件表第17号文書の定義欄1イ）。

(注) 売上代金以外の受取書であるという事実が他の書類等により証明できる場合であっても、その受取書に記載された内容によって、売上代金以外の受取であることが明らかにならなければ、売上代金の受取書として課税されます。

2 結論

事例の受取書においては、金銭200万円の受領事実のみの記載であり、それが敷金の受領であることが明記されていません。

したがって、売上代金以外の金銭（敷金）の受領であることが、客観的に証明することができませんから、この場合には、売上代金に係る金銭の

受取書と評価されることになります。

このため、記載金額200万円に対応する400円の印紙貼付が必要となります。

ADVICE 顧問先へのアドバイス

売上代金以外の金銭の受取書の場合には、受け取った金銭の内容を明記するようにし、階級定額税率の適用がないようにします。

実務のポイントをつかむ

☑ **売上代金とは**

　資産を譲渡し若しくは使用させること又は役務を提供することによる対価をいう。

① 資産を譲渡することの対価

　資産は、有形、無形を問わず、商品、備品等の流動資産、固定資産、無体財産権その他の資産を譲渡する場合の対価がこれに該当する。

② 資産を使用させることの対価

　不動産、動産、無体財産権その他の権利を他人に使用させることの対価をいう。

③ 役務を提供することの対価

　請負契約、運送契約、委任契約、寄託契約などのように、労務、便益、その他のサービスを提供する場合の対価をいう。

☑ **受取代金の内容が明らかにされていない受取書の取扱い**

　受取金額の全部又は一部が売上代金であるかどうかが、受取書の記載事項により明らかにされていない受取書は、売上代金に係る受取書とみなされる（印法別表第一課税物件表第17号文書の定義欄

1イ)。
☞前述Ⅰの「第2　課税範囲　4　課税文書の取扱い(主な課税文書の概要)
　(8)第17号文書」(32頁)参照

III 税務調査で指摘される不納付事例と留意事項

| 事例 35 | 領収書（小切手による領収）
小切手発行番号の引用により受領金額が明らかとなる事例 |

　A株式会社は、取引先のB株式会社から、販売代金を小切手により受領した際に、次のような領収書を作成して、B株式会社に交付しています。

＜文書の内容＞

```
              領　収　書

  B株式会社　殿
      一、小切手　　一通　也
         ただし、発行番号　A345678
                    右正に受け取りました。

         平成 30 年 3 月 31 日　　　　A株式会社　㊞
```

〔参考〕受け取った小切手の内容

```
    A345678              小　切　手

       支払地　　○○銀行
                金額　弐百万円　也
          振出日　平成 30 年 3 月 31 日
                        振出人　B株式会社　㊞
```

A社の対応

領収金額の記載がないため、受取金額のない第17号の1文書として、200円の印紙を貼付している。

税務調査官の指摘事項

受取金額の内容が明記されていないことから、売上代金に係る金銭の受取書（第17号の1文書）に該当するとともに、小切手の発行番号の記載があることで、小切手の内容が特定され、その額面（200万円）が明らかとなるので、400円の印紙貼付が必要（200円が不納付）である。

解説

1　売上代金の領収書とされるもの

受取金額の全部又は一部が売上代金であるかどうかが、受取書の記載事項により明らかにされていない受取書は、売上代金に係る受取書とみなされます（印法別表第一課税物件表第17号文書の定義欄1イ）。

（注）売上代金以外の受取書であるという事実が他の書類等により証明できる場合であっても、その受取書に記載された内容によって、売上代金以外の受取であることが明らかにならなければ、売上代金の受取書として課税されます。

2　有価証券の受取書の取扱い

売上代金として受け取る有価証券の受取書に、受取金額の記載がない場合は、一律200円の印紙税納付となります（印法別表第一課税物件表第17号文書の課税標準及び税率欄2）。

一方で、売上代金として受け取る有価証券の受取書に受取金額の記載がない場合であっても、その受取書に、その有価証券の発行者の名称、発行の日、記号、番号その他の記載があることにより、当事者間においてその受取金額を明らかにすることができる場合には、その明らかにすることが

できる金額が記載金額となります（通則4ホ(3)）。

3　結論

　事例の領収書には、受け取った小切手の「発行番号　A345678」が記載されており、取引当事者間においてその小切手がどの小切手かを特定できます（事例の「〔参考〕受け取った小切手の内容」のとおりです。）。

　したがって、事例の領収書は、売上代金に係る有価証券の受取書（第17号の1文書）に該当し、特定された小切手の内容により、額面200万円が記載金額となるので、400円の印紙貼付が必要となります。

ADVICE　顧問先へのアドバイス

　取引先との間で、受け取った金額の管理が確実に行えるのであれば、有価証券の発行者の名称、発行の日、記号、番号その他の記載を省略して、記載金額のない領収書とし、一律200円の印紙税負担とすることも可能です。

実務のポイントをつかむ

☑ **有価証券の受取書の受取金額**

　売上代金として受け取る有価証券の受取書に、その有価証券の発行者の名称、発行の日、記号、番号その他の記載があることにより、当事者間においてその受取金額を明らかにすることができる場合には、その明らかにすることができる金額が記載金額となる（通則4ホ(3)、印基通24条8号）。

☞前述Ⅰの「第5　記載金額　2　記載金額についての具体的な取扱い」の(7)（57頁）参照

事例36　受取書（立替金の領収）
立替金の受取書が売上代金の受取書となる事例

　A観光ホテル株式会社は、宿泊客が利用したタクシー代金、マッサージ料金等をタクシー会社、マッサージ師等に立て替えて支払い、チェックアウトの際に宿泊客から立替金を受領した際に、次のような受取書を作成して、宿泊客に交付しています。

＜文書の内容＞

```
                    受　　取　　書

   ▲▲　　様
       ¥　65,000
         上記正に受け取りました。
              内訳　タクシー代　　　5,000円
                   マッサージ代金　15,000円
                   ホステス代金　　45,000円
                         A観光ホテル株式会社　㊞
```

A社の対応

　宿泊者が負担すべき代金を当社で立替払いしていた料金を、ホテルの宿泊代金とは別に受領した時の受取書であり、印紙の貼付は必要ないと認識していた。そのため、印紙の貼付はしていない。

税務調査官の指摘事項

　立替払いしていた料金を受領する場合でも、金銭の受取書（第17号文

書）に該当する。

なお、受取金額はいずれも売上代金に該当するので、売上代金に係る金銭の受取書（第17号の1文書）に該当し、記載金額が65,000円であるので、200円の印紙貼付が必要である。

解説

1　売上代金の受取書

売上代金であるかどうかは、最終的に金銭を受け取る者が、①資産の譲渡の対価、②資産の使用の対価、③役務提供の対価として受け取るものかどうかによって判断します（印法別表第一課税物件表第17号文書の定義欄1）。

事例のタクシー代金等は資産の譲渡等の対価となるものであり、売上代金に該当します。

2　立替金の受領の取扱い

これらの代金を観光ホテルが宿泊客から受け取るのは、

① タクシー会社、マッサージ師等から委託を受けてこれらの者に代わって受け取る場合
② 宿泊客から支払の委託を受けてその代金を受け取って、タクシー会社、マッサージ師等に支払を代行する場合

があり、観光ホテルは、①の場合はタクシー会社等の受託者としての立場で金銭を受領するもの、②の場合は、宿泊客の受託者としての立場で、金銭を支払うために受領するものですから、いずれも売上代金に係る金銭の受取書（第17号の1文書）に該当します（印法別表第一課税物件表第17号文書の定義欄1ロ、ハ）。

3　結論

したがって、事例の文書は、その受取金額がいずれも売上代金に該当しますので、売上代金に係る金銭の受取書（第17号の1文書）に該当し、受取代金の合計額65,000円が記載金額となるので、200円の印紙貼付が必

9 「お買上票(レシート)」、「清算票」、「受取書」などの文書の不納付事例

要となります。

A DVICE
顧問先へのアドバイス

　タクシー代やマッサージ代など、サービス利用の際に代金決済が可能な場合は、宿泊客から直接タクシー会社やマッサージ師などに支払をしてもらいます。

　あるいは、領収書作成の際に、立替金の合計額が5万円未満となるよう領収書を分けて作成して交付します。

実務のポイントをつかむ

☑ **受取又は支払を受託した者などが作成する売上代金の受取書**

　①受託者が委託者に代わって売上代金を受領する場合の受取書、②①の委託者が①の受託者から売上代金を受領する場合の受取書、③受託者が委託者に代わって支払う売上代金を委託者から受領する場合の受取書は、いずれも売上代金に係る金銭の受取書(第17号の1文書)に該当する(印法別表第一課税物件表第17号文書の定義欄1ロ、ハ、ニ)。

☞前述Ⅰの「第2　課税範囲　4　課税文書の取扱い(主な課税文書の概要)(8)第17号文書」(32頁)参照

事例 37	計算書（レシート） デビットカード取引による計算書（レシート）が金銭の受取書となる事例

　Aデパートは、商品を買い上げた顧客からデビットカードの提示を受け、これにより代金決済を行った場合には、次のような計算書（レシート）を作成して、顧客に交付しています。

＜文書の内容＞

　　　　　　　　　　計　算　書（レシート）

　　平成30年3月10日　　　　　　　　Aデパート
　　　商　品　××××　　　100,000円
　　消費税等　　　　　　　　　8,000円
　　　　　　　　（合計　108,000円）
　　　現　　金　　　　　　　　　0円
　　デビット取引　　　　　　108,000円
　　　釣　　銭　　　　　　　　　0円
　　上記のとおり、引き落としいたしました。
　　　　　　　　　　　金融機関：△△△△
　口座番号：0000-0000000
　引落金額：108,000円

A社の対応

　デビットカードでの支払であり、クレジットカードと同様に金銭の受取書には該当しないものと認識していた。そのため、印紙の貼付はしていない。

> **税務調査官の指摘事項**

　デビットカードでの支払は金融機関にある顧客の口座から即時にAデパートの口座に入金があるものなので、金銭の受取書（第17号文書）に該当する。なお、売上代金に係る金銭の受取書（第17号の1文書）に該当し、記載金額が10万円であるので、200円の印紙貼付が必要である。

> **解説**

1　デビットカード取引（即時決済型）による商品代金の決済に係る取扱い

　デビットカード取引では、売上金の入金が店頭に設置された専用端末を通じて即時に決済されることから、その領収証は、入金を確認した上での発行であり、金銭の受領事実を証明するものとなりますから、売上代金に係る金銭の受取書（第17号の1文書）に該当します。

　なお、事例のようなレシート（受取書）と同時に、「口座引落確認書」が出力され、顧客に交付される場合がありますが、この場合の「口座引落確認書」は、デパート等が金融機関に代わり、顧客の預貯金口座からの代金の引落しを確認したことを通知する目的で作成される文書であり、金銭の受取書には該当しません。

　なお、「口座引落確認書」とレシート（受取書）とが合体されて出力され、顧客に交付される場合で、代金の受領事実が併せて記載されている場合は、金銭の受取書に該当してきます。

2　デビットカード取引（信用取引型）による商品代金の決済に係る取扱い

　デビットカード取引には、上記1の「即時決済型」のデビットカード取引のほか、クレジットカード決済のシステムを利用する「信用取引型」のデビットカード取引があります。

　「信用取引型」のデビットカード取引は、クレジットカード販売の場合

と同様に信用取引により商品を引き渡すものであり、金銭の受領事実がありませんから、表題が「領収書」となっていても、第17号の1文書には該当しません。

なお、この場合であってもクレジットカード利用（「信用取引型」）である旨を「領収書」に記載していないと、第17号の1文書として課税の対象となりますから、留意する必要があります。

3　結論

事例の文書は、デビットカード取引（即時決済型）による商品代金の決済時に作成されるものですから、売上代金に係る金銭の受取書（第17号の1文書）に該当し、記載金額が10万円ですので、200円の印紙貼付が必要となります。

ADVICE 顧問先へのアドバイス

「信用取引型」のデビットカード取引である場合は、その旨をレシート（受取書）に明記し、金銭の受取書とならないように対応（端末システムの修正など）します。

実務のポイントをつかむ

☑ **デビットカードの取扱い**

　デビットカード取引（即時決済型）による商品代金の決済時に作成されるレシートなどは、売上代金に係る金銭の受取書（第17号の1文書）に該当する。

事例38 金銭消費貸借契約書（領収金額追記）
契約書の余白に元利金の領収を追記した文書が金銭の受取書となる事例

A株式会社は、借主から貸付金の元利金の返済を受けた際に、金銭消費貸借契約書の原本の下部に、元利金を受領した旨を記載し、これを借主に返還することとしています。

＜文書の内容＞

金銭消費貸借契約書

　貸主A株式会社を甲、借主株式会社Bを乙として、甲乙は、次のとおり金銭消費貸借契約を締結した。
第1条　甲は乙に対し、本日、金200万円を貸し付け、乙はこれを借り受けて受領した。なお、貸付利息は年3％とする。
第2条　乙は甲に対し、前条の借入金及び利息を平成30年6月30日限り、甲の住所に持参し、又は甲の指定する銀行口座に送金して支払うこと。

　上記の金銭消費貸借契約を証するため、本契約書1通を作成し、甲乙署名捺印の上、甲がこれを所持する。
　平成30年3月31日

　　　　　　　　　　　　　貸主（甲）　A株式会社　㊞
　　　　　　　　　　　　　借主（乙）　株式会社B　㊞

～～～～～～～～～～～～～～～～～～～～～～～～

　平成30年6月30日　元利金2,015,000円返済済
　　　　　　　　　　　A株式会社　〇〇部長　㊞

〔参考〕元利金の返済があった場合、契約書の下部余白に「返済済」との文言を記載し、担当部長名で記名押印して借主に返却している。なお、別途領収書は作成していない。

A社の対応

元利金の返済により契約が終了したので契約書の原本（消費貸借契約書として課税済）を借主に返還することとしているが、その余白を利用して借入金返済済と単にメモしているもので、金銭の受取書とは認識しておらず、印紙の貼付はしていない。

税務調査官の指摘事項

元利金の返済があった場合にその受領事実を証するものであり、金銭の受取書（第17号文書）に該当する。なお、売上代金に係る金銭の受取書（第17号の1文書）に該当し、元利金の区分記載がないので、記載金額は2,015,000円となり、600円の印紙貼付が必要である。

解説

1 追記の場合のみなし作成の取扱い

ある文書（課税文書に限らずその他の文書も含まれます。）に課税物件表に掲げる文書（第3号から第6号までと、第9号及び第18号から第20号までに掲げる文書は除かれます。）に、一定の課税事項（同表第1号から第17号までの課税文書（同表第3号から第6号まで及び第9号の課税文書は除かれます。）により証されるべき事項）の追記をした場合には、当該追記又は付け込みをした者が、当該追記又は付け込みをした時に、当該追記又は付け込みに係る課税文書を新たに作成したものとみなされます（印法4条3項）。

なお、第3号文書（約束手形等）、第4号文書（株券等）、第5号文書（合併契約書等）、第6号文書（定款）、第9号文書（貨物引受証等）につ

いては、当該文書に他の号の課税事項を追記しても、他の号の課税文書に当該文書の課税事項を追記しても、その追記は課税文書を新たに作成したものとはみなされません。

これを印紙税法では「追記」といっていますが、「追記」とは、既に作成されている一の文書にその後さらに一定事項を追加して記載することをいいます（印基通37条）。

例えば、貸付金の返済を受けた貸主が、作成済の消費貸借契約書（第1号の3文書）に返済金の受領事実（第17号文書により証されるべき事項）を追加記入し、借主に交付する場合などです。

2　証書貸付の契約証書に返済金の受領文言を記載して借主に交付する場合

事例のように、証書貸付に係る元利金の返済があった場合に、返済金と引き換えに契約証書に「領収」、「完済」、又は「償還金」などの返済金の受領文言を記載して借主に返戻する場合には、金銭の受取書（第17号文書）を証書に追記し交付したことになりますので、その追記部分は新たに課税文書を作成したものとなります。

（注）返戻する契約証書が不正に使用されることを防止するために、「無効」「債務消滅済」などと表示して返戻するものは、金銭の受取書（第17号文書）に該当しません。

3　結論

したがって、事例の文書は、上記1のみなし作成の取扱いの適用があり、金銭の受取書（第17号文書）に該当することとなります。

なお、この場合、元金と利息額とがそれぞれ区分表示されている場合には、利息額の部分が売上代金に該当して、その利息金額が階級定額税率の適用を受けることとなりますが、区分表示されていない場合には、元利金の合計金額が売上代金として取り扱われます。

事例の文書は、「元利金2,015,000円返済済」とのみ記載されており、元利金の区分記載がないので、全額が売上代金に係る金銭の受取書（第17

号の1文書）の記載金額となりますから、600円の印紙貼付が必要となります。

ADVICE 顧問先へのアドバイス

この追記文書のほかに、改めて後日「領収書」を正式に発行する場合には、現場担当者による返済済である旨の追記返戻を行わないこととします。

なお、追記文書の返戻であれ、正式な領収書の交付であれ、受領金額の表示に当たっては、元金と利息額とをそれぞれ区分表示することで、利息金額部分についてのみ、第17号の1文書に係る階級定額税率の適用対象となります。

(注) 元金と利息額とを区分表示した場合で、利息額が5万円未満となる場合であっても、元金と利息額との合計金額が5万円以上となる場合は、売上代金の受取書（第17号の1文書）として課税の対象となります（通則4イ、印基通34条）。

実務のポイントをつかむ

☑ 貸付金の領収書に係る受取金額の区分記載

元金と利息額とがそれぞれ区分表示されている場合には、利息額の部分が売上代金に該当して、その利息金額が階級定額税率の適用を受けることとなるが、区分表示されていない場合には、元利金の合計金額が売上代金として取り扱われる（通則4ハ）。

☞前述Ⅰの「第5 記載金額 2 記載金額についての具体的な取扱い」の(6)（56頁）参照

10 「通帳」、「判取帳」などの文書の不納付事例

　課税物件表の第1号文書（不動産の譲渡契約等）から第17号文書（金銭等の受取書）までは、いわゆる「証書」といわれる文書であり、課税事項について1回限り記載証明する目的で作成する文書です。

　一方で、第18号文書（預貯金通帳など）、第19号文書（金銭の受取通帳など）、及び第20号文書（判取帳）は、その文書の作成時に課税事項を2回以上付け込み証明する欄が設けられており、このようなものがいわゆる「通帳」となります。

　例えば、相手先が特定の一者であり、自己の受領印を捺印し、相手先で保管してもらうものは、「金銭の受取通帳（第19号文書）」に該当し、年間400円の印紙の貼付が必要となります。

　また、取引の相手先が複数の者となるものであって、複数の相手先から捺印を受けるもので、自己において保管しているものは「判取帳（第20号文書）」に該当し、年間4,000円の印紙の貼付が必要となります。

　このように、継続してその取引内容を連続的に付け込み証明する目的で作成する帳簿が課税文書となる「通帳」に該当してきます。

　実務においても、継続して取引のある者との間で、「通帳」が用いられる場面がまま見受けられていますが、「通帳」に係る不納付事例としては、売上金額の領収事実を、連続して付け込んで（捺印して）いる文書が、課税文書にはならないものと誤解している事例や、いわゆる大学ノートなどに手書きで付け込んでいるような場合、そもそも帳簿としての認識を持っていない事例などが見受けられます。

事例39	金銭受取通帳（販売代金の受取） 販売代金の領収を連続して証明する帳簿が金銭受取通帳に該当する事例

　A販売株式会社は、継続販売契約先から販売代金を現金で受領した都度、次のような帳簿に押印して契約先に渡しています（なお、この帳簿は継続販売契約先が保管しています。）。

＜文書の内容＞

```
                                              （表紙）

              金 銭 受 取 通 帳

    ○○株式会社    様


                              A販売株式会社
```

```
（次葉）
```

販売 年月日	商品名	数量	単価	販売価額	受領印

A 社の対応

事務用品の継続販売契約先から販売代金を現金で受領した都度、受領印を押印して契約先に渡す通い帳であり、1回当たりの販売額が5万円を超えることはまずないので、課税文書にはならないものと認識していた。そのため、印紙の貼付はしていない。

税務調査官の指摘事項

金銭の受領の事実を連続して付け込む文書（帳簿）は、金銭の受取通帳（第19号文書）に該当し、受領金額が5万円未満であっても、第19号文書には非課税規定がないので、年間400円の印紙貼付が必要となる。

解説

1 通帳（第19号文書）とは

第19号文書に該当する「通帳」とは、継続して各種の取引を行う当事者の一方の者（通帳作成者で納税義務者）から取引の相手方に交付しておき、その取引内容を連続的に付け込み証明する目的で作成する帳簿をいい、具体的には次のものが該当します。

① 第1号に掲げる文書により証されるべき事項、すなわち、不動産等の譲渡、消費貸借、運送等の取引関係を連続的に付け込んで証明するために作成する通帳

　例：貸付金受取通帳（利率、返済期限等の記載のあるもの）、運送貨物引受通帳等

② 第2号に掲げる文書により証されるべき事項、すなわち請負に関する

取引内容を連続的に付け込んで証明するために作成する通帳

　例：加工依頼通帳等
③　第14号に掲げる文書により証されるべき事項、すなわち、金銭又は有価証券の寄託に関する取引内容を連続的に付け込んで証明するために作成する通帳

　例：株券預り通帳等
④　第17号に掲げる文書により証されるべき事項、すなわち、金銭又は有価証券の受取の事実を継続又は連続して付け込んで証明するために作成する通帳

　例：売上代金領収帳、地代・家賃通帳、入金取次帳等

2　非課税規定の有無

　事例の文書（帳簿）は、金銭の受取事実を連続して付け込み証明する目的で作成されるものですから、上記1の④の売上代金領収帳といわれるものであり、金銭の受取通帳（第19号文書）に該当します。

　なお、売上代金の領収書（第17号の1文書）には、5万円未満の領収金額の場合の非課税規定がありますが、金銭の受取通帳（第19号文書）には、このような非課税規定がありません。

3　結論

　したがって、事例の文書（帳簿）は、単独の領収書であれば非課税となる5万円未満の金額の受領事実のみを付け込んでいる場合であっても、非課税文書とはならず、1年以内の付け込みに対して400円の印紙税が課税されることとなります（印基通別表第一第19号文書の2）。

　なお、1年を経過して最初に付け込む場合には、新たに通帳を作成したものとみなされ、改めて400円の印紙貼付が必要となります（印法4条2項）。

ADVICE 顧問先へのアドバイス

1回の取引ごとに領収書を作成することとすれば、5万円未満の領収書は非課税となりますので、節税にはなりますが、事務手数との兼ね合いを検討する必要があります。

 実務のポイントをつかむ

☑ **第19号文書の「通帳」とは、次の①～④に掲げる通帳をいう。**
① 不動産等の譲渡、消費貸借、運送等の取引関係を連続的に付け込んで証明するために作成する通帳
　例：貸付金受取通帳（利率、返済期限等の記載のあるもの）、運送貨物引受通帳等
② 請負に関する取引内容を連続的に付け込んで証明するために作成する通帳
　例：加工依頼通帳等
③ 金銭又は有価証券の寄託に関する取引内容を連続的に付け込んで証明するために作成する通帳
　例：株券預り通帳等
④ 金銭又は有価証券の受取の事実を継続又は連続して付け込んで証明するために作成する通帳
　例：売上代金領収帳、地代・家賃通帳、入金取次帳等

☑ **金銭の受取通帳の取扱い**
　5万円未満の金額の受領事実のみを付け込んでいる場合であっても、非課税文書にはならない。
　☞前述Ⅰの「第2　課税範囲　4　課税文書の取扱い（主な課税文書の概要）（10）第19号文書」（37頁）参照

事例40 顧客返金等伝票綴り（顧客の金銭受領証明）
顧客への販売代金の返金伝票綴りが判取帳に該当する事例

　A販売株式会社は、販売商品の不具合などのため、顧客から商品の返品があった場合に、次のような伝票を用いて返品管理とともに顧客への販売代金の返金事実の管理を行っています。

＜文書の内容＞
表紙

```
                顧客返金等伝票綴り

     平成30年1月～○月
     No.001～100

                              A販売株式会社　▲▲店
```

伝票綴り1～100組綴り、3枚複写、一組目の内容
一組の1枚目

```
 切  No.001    返　品　伝　票　《顧客交付用》
 取  販売年月日
 線  品名（記号・型番）、数量、金額
```

一組の2枚目

```
 切  No.001    返　品　伝　票　《店舗事務用》
 取  販売年月日
 線  品名（記号・型番）、数量、金額
```

一組の3枚目

```
No.001    返　　品　　伝　　票　《店舗保管用》
販売年月日              受領　年　月　日    （受領印）
品名（記号・型番）、数量、金額    （お客様氏名）      ㊞
```

〔参考〕販売店備え付けの伝票綴り（冊子形態）であり、顧客から販売商品の返品などがあった場合に、返品商品の「販売年月日」、「品名」、「数量」、「返品金額」（返却金額）を記載し、1枚目の《顧客交付用》と2枚目の《店舗事務用》の伝票を切り取り、1枚目は顧客の控えとして交付するとともに、2枚目は店舗での事務（返品商品に添付など）に使用する。

　3枚目の《店舗保管用》は、1枚目から100枚目まで切り離されずに綴りの状態で残るものであり、販売代金を返金した場合には顧客から署名と受領印を徴するものである。

（A社の対応）

　店舗における商品販売手続の効率化のための伝票綴りであり、販売商品の返品実績を確実に管理する目的で作成しているもので、印紙税の課税文書とは認識していなかった。そのため、印紙の貼付はしていない。

（税務調査官の指摘事項）

　2以上の相手（顧客）から代金（返却金額）の受領事実の付け込み証明を受ける目的で作成されるものであり、判取帳（第20号文書）に該当し、1年当たりで4,000円の印紙貼付が必要となる。

解説

1 判取帳（第 20 号文書）とは

「判取帳」とは、当事者の一方が、2 以上の相手方との間に生ずる財産上の取引関係について、取引の都度相手方から付け込み証明を受けるために作成し、自己の手元に保管しておく帳簿をいいます（印基通別表第一第20 号文書の 1）。

通帳が特定の 1 の相手方との間の取引関係について付け込み証明する目的で作成されるのに対し、判取帳は 2 以上の相手方との間に生ずる取引関係について付け込み証明する目的で作成される点に両者の違いがあります。

判取帳のうち、印紙税の課税対象となるのは、課税物件表第 1 号（不動産等の譲渡、土地の賃貸借、消費貸借、運送）、第 2 号（請負）、第 14 号（金銭又は有価証券の寄託）又は第 17 号（金銭又は有価証券の受取）に掲げる文書により証されるべき事項につき 2 以上の相手方から付け込み証明を受ける目的をもって作成するものに限られます（印法別表第一課税物件表第 19 号文書の定義欄）。

　例：運送貨物受取帳、仕入代金支払判取帳（複数の仕入先から仕入代金の支払の都度受領事実の証明を受けるもの）等

2 判取帳の納税義務者

通帳の場合は、付け込み証明する側（通帳保管者ではなく通帳を預けた側の者）が納税義務者となりますが、判取帳の場合には、付け込み証明を受ける側（判取帳保管者）が納税義務者となります。

3 結論

事例の文書のように、各店舗における販売商品の返品実績を管理する目的で作成する文書であり、後日のトラブル防止のために返金額の受領印を徴するものであったとしても、2 以上の相手方から、第 17 号（金銭又は有価証券の受取）に掲げる文書により証されるべき事項（金銭の受取事

項）について、付け込み証明を受ける目的をもって作成するものとなりますから、判取帳に該当し、1年当たりで4,000円の印紙貼付が必要となります。

なお、課税物件表の第20号文書（判取帳）には「非課税物件」の規定がありませんから、たとえ消費者である2以上の顧客から受領証明を受けるものであったとしても、また、5万円未満の受取金額の記載のみであったとしても、課税文書となります。

〔参考判例〕
最高裁：平成29年2月23日／平成28年（行ツ）第346号／平成28年（行ヒ）第420号
控訴審：東京高等裁判所／平成28年6月29日／平成28年（行コ）14号
第一審：東京地方裁判所／平成27年12月18日／平成27年（行ウ）28号

ADVICE 顧問先へのアドバイス

仮に判取帳方式による手続をやめて、一組の3枚目「返品伝票《店舗保管用》」を1枚ごとに別々に作成してもらうこととした場合は、返金額が5万円未満あるいは顧客（個人）が作成するものはその大部分は「営業に関しない受取書」となり非課税文書になると考えられるものの、5万円以上となるもので個人営業者や法人が作成するものも混在することとなり、印紙税負担の問題（自社で負担するのか、顧客に説明の上印紙貼付を求めるのかなど）への対応による事務負担が発生し、事務手続の効率化には逆行することになりかねませんので、慎重な対応が必要です。

また、事例の一組の1枚目「返品伝票《顧客交付用》」と一組の3枚目「返品伝票《店舗保管用》」を伝票綴りから切り離して使用することとし、返品実績の確実な管理のために、一組の2枚目「返品伝票《店舗事務用》」

を伝票綴りに残す方式とすることも考えられます。

　この場合の伝票綴りは店舗内部での手続用の帳簿となり、判取帳には該当しないこととなりますが、切り離した一組の３枚目「返品伝票《店舗保管用》」に顧客の署名と受領印を受けることとなると一枚一枚が金銭の受取書となりますから、上記の場合と同様に印紙税負担の問題は避けられないため、やはり事務手続の効率化にはつながらないことが想定されます。

実務のポイントをつかむ

☑ **課税文書となる判取帳**

　判取帳のうち、印紙税の課税対象となるのは、第１号（不動産等の譲渡、土地の賃貸借、消費貸借、運送）、第２号（請負）、第14号（金銭又は有価証券の寄託）又は第17号（金銭又は有価証券の受取）に掲げる文書により証されるべき事項につき２以上の相手方から付け込み証明を受ける目的をもって作成するものに限られる（印法別表第一課税物件表第19号文書の定義欄）。

　例：運送貨物受取帳、仕入代金支払判取帳（複数の仕入先から仕
　　　入代金の支払の都度受領事実の証明を受けるもの）等

☑ **金銭又は有価証券の受取に係る判取帳の取扱い**

　５万円未満の金額の受領事実のみを付け込んでいる場合であっても非課税文書にはならない。

　☞前述Ⅰの「第２　課税範囲　４　課税文書の取扱い（主な課税文書の概要）
　　（11）第20号文書」（38頁）参照

11 各種伝票類の不納付事例

　主に親子会社間などでの非違が見受けられるものですが、例えば、子会社が親会社の下請を担う場合などで、基本契約や年間の生産計画などをもとに、個別の受注確認にワンライティングの受注伝票を用いて対応する場合などがあり、親会社からの注文伝票と複写で作成される受注伝票に、子会社の受注担当者の印鑑を押印して親会社の発注担当者に返送しているようなケースです。

　このようなケースでは、社内伝票と同じ感覚で伝票のやりとりが行われており、課税文書という認識を全く持っていない場合が見受けられます。

　近年は、IT化などが進展したこともあって、事務の合理化のために、例えばこれまで受発注に伴って作成される文書について、各担当部署ごとにあるいは各取引先ごとに独自の様式が用いられてきていたものを見直して、統一化された伝票類に切り替えられる例などもあり、このような場合、その伝票類は事務の遂行のために作成される文書であって印紙税が課税されるような契約書類にはならないものと、最初から誤解している場合も見受けられます。

　そして、伝票類となると、その作成枚数も必然的に多くなり、税務調査などで不納付文書と指摘された場合には、多額の過怠税を納付することとなりますから、伝票類への切替え時や作成時において、その伝票類がどのような取引の場面で、どのような相手先との間でやりとりされる文書なのか、その内容を把握・確認しておくことが肝要です。

事例41	**発注伝票（ワンライティング伝票）** ワンライティングの受注伝票が契約書に該当する事例

　親会社であるＢ工業株式会社からの注文があった場合に下請となる子会社Ａ株式会社の社内の各担当部署間で、互いに個別の注文受注内容を確認し合うために、ワンライティングの方式の受注伝票として、次のような文書を作成しています。

＜文書の内容＞

```
                                         平成30年3月10日

                    発 注 伝 票
                                         Ｂ工業株式会社

   区 分    種 目    規 格   単 価   数 量
   ○○○    ○○部品製作  □□□   1,500円   1,000個




   Ｂ工業㈱⇒Ａ㈱⇒Ｂ工業㈱

   発 注     ㊞              受 注     ㊞
```

〔参考〕ワンライティング（5枚複写）の発注伝票で、1枚目はＢ工業株式会社控え、2枚目はＡ株式会社受注担当控え、3枚目はＡ株式会社

購買部門控え、4枚目はA株式会社経理部門控え、5枚目はB工業株式会社宛て受注印を押印し交付（B工業株式会社保存）となるものである。

A社の対応

生産計画は両社の担当部署間で毎月決定しており、この計画に基づきB工業株式会社から個々の注文がなされるものであり、主に個々の注文内容についての社内の整理伝票に用いているものであって、B工業株式会社には注文のあった部品製作作業に取り掛かった旨を知らせるための単なる通知文書と考えていたもので、課税文書という認識はなかった。そのため、印紙の貼付をしていない。

税務調査官の指摘事項

注文者（B工業株式会社）に対して注文内容を受注した旨を表す受注印を押した上で交付する文書であり、相手方の申込みに対する承諾文書となるものであり契約書に該当する。部品の製作を受注する内容であり、請負に関する契約書（第2号文書）となり、記載金額が150万円（単価1,500円×数量1,000個）となるので、400円の印紙貼付が必要となる。

解説

1　契約書となる伝票類

「契約書」とは、契約証書、協定書、約定書その他名称のいかんを問わず、契約（その予約を含みます。以下同じ。）の成立若しくは更改又は契約の内容の変更若しくは補充の事実（以下「契約の成立等」といいます。）を証すべき文書をいい、念書、請書その他契約の当事者の一方のみが作成する文書又は契約の当事者の全部若しくは一部の署名を欠く文書で、当事者間の了解又は商慣習に基づき契約の成立等を証することになっているものも含まれます（通則5）。

ここでいう「契約」とは、互いに対立する2個以上の意思表示の合致、すなわち一方の申込みと他方の承諾によって成立する法律行為（印基通14条）ですから、「契約書」とは、その2個以上の意思表示の合致の事実を証明する目的で作成される文書をいうことになります。

したがって、通常、契約の申込みの事実を証明する目的で作成される申込書、注文書、依頼書などと表示された文書や、表題が「発注伝票」などとされた伝票類のものであっても、実質的にみて、その文書によって契約の成立等が証明されるものは、契約書に該当することになります（印基通21条1項）。

2　伝票類が契約書に該当するケース

事例のような伝票は、親会社（B工業株式会社）からの注文があった場合に下請となる子会社（A株式会社）の社内の各担当部署間で、互いに個別の注文受注内容を確認し合うために、事務の省力化も兼ねて、ワンライティングの方式の受注伝票とされているものです。

その複数の伝票の中には社内伝票としての性格のものがあるとしても、注文者に対して受注の意思を明らかにするために交付される伝票については、相手方の申込みに対する承諾の意思を表明する文書となりますから、契約書として取り扱われます。

3　結論

したがって、事例の発注伝票の5枚目の文書は、部品などの製作について受注する内容を記載して発注者に交付する文書で、いわゆる請書となるものであり、請負に関する契約書（第2号文書）に該当し、記載金額が150万円（単価1,500円×数量1,000個）となるので、400円の印紙貼付が必要となります。

ADVICE 顧問先へのアドバイス

事例の場合、生産計画などで、あらかじめ部品の規格に応じた単価が決

まっており、互いに認識済であるのであれば、伝票の「単価」欄の記載を省略することで、契約金額（記載金額）のない請負契約書として、1枚当たり200円の印紙税負担に抑えることが可能です。

 実務のポイントをつかむ

☑ **契約書に該当する伝票類**

表題が「発注伝票」などとされた伝票類のものであっても、実質的にみて、その文書によって契約の成立等が証明されるもの、すなわち、一方の申込みに対して承諾することを証する文書となるものは、契約書に該当することになる（印基通21条1項）。

☞前述Ⅰの「第2　課税範囲　3　契約書に係る基本的事項　(1)契約書の意義」（12頁）参照

Ⅲ　税務調査で指摘される不納付事例と留意事項

| 事例42 | 貨物受取書（送り状控え）
貨物の受取書が契約書に該当する事例 |

　A運送株式会社は、荷送人からの荷物の配送依頼を受けて、運送荷物を引き取りに行った際には、運送荷物と引き換えに、次のような文書を作成して荷送人に交付しています。

＜文書の内容＞

```
                                              （1枚目）

              貨物受取書（送り状控え）

    お届け先　　B産業㈱　××市△△町 1-3-7
    発送元　　　C工業㈱　●部長　様　　　　A運送株式会社
    下記の荷物受け取りました。
              平成30年3月20日　　　担当　　　　　㊞

    | 品目NO | 品目名 | 数量 | 箱数 | タイプ | 発注NO |   |   |
    | Pc-45  |        | 50   | 25   |        | 3678   |   |   |
    |        |        |      |      |        |        |   |   |
    |        |        |      |      |        |        |   |   |

    受取個数　　25個　　　　　輸送手段　　トラック輸送
    運賃　　32,400円（内消費税2,400円）
```

〔参考〕この貨物受取書（送り状）は4枚複写の伝票綴りとなっており、1

枚目は送り状控え（C工業株式会社控え）、2枚目が送り状（配送伝票、A運送株式会社控え）、3枚目は送り状（配送伝票、荷物添付用）、4枚目は送り状（配送伝票、届け先B産業株式会社交付用）となっていて、「下記の荷物受け取りました」の文言と運賃は、1枚目と2枚目にのみ記載されている。

A社の対応

荷物の配送依頼を受けた都度、その荷物の預かり内容を記載し、荷送人あてに交付するものであり、配送貨物の受取を確認するための伝票であり、課税文書という認識はなかった。そのため、印紙の貼付はしていない。

税務調査官の指摘事項

発送元であるC工業株式会社からの依頼に基づき、荷物の配送を引き受けた旨を表す受注印を押した上で交付する文書であり、相手方の申込みに対する承諾文書となるもので、契約書に該当する。内容は荷物の運送を請け負う内容であり、運送に関する契約書（第1号の4文書）となり、記載金額が運賃の3万円となるので、200円の印紙貼付が必要となる。

解説

1 運送に関する契約書とは

運送人が貨物又は旅客の場所的移動を約し、委託者（運送依頼人）がこれに対して報酬（運賃）を支払うことを内容とする契約書は、運送に関する契約書（第1号の4文書）に該当します。

例：貨物輸送契約書、バス貸切り契約書、貨物運送引受書等

「運送」とは、当事者の一方（運送人）が、物品又は人の場所的な移動を約し、相手（依頼人）がこれに報酬（運送賃）を支払うことを約する契約ですから、それが営業として行われるものだけでなく、たまたま行われ

るものでも運送となります。

　したがって、簡単な文書であっても運送の内容について記載され、これを証明するためのものであれば、運送に関する契約書（第1号の4文書）に該当することになります。

2　運送に関する契約書（第1号の4文書）の記載金額の取扱い

　第1号の4文書の記載金額（契約金額）とは、運送料、用船料、有料道路利用料、集荷料、配達料、保管料、着払手数料等の運送契約の対価の全てをいい、品代金取立料（代引手数料）、運送保険料等の運送契約とは別の代金取立委託契約、運送保険契約等の対価を含みません。

　また、品代金取立金（代引）、運送品価格等の金額を記載しても、これは運送契約の対価ではありませんから、記載金額にはなりません。

　なお、運送契約の対価に対する消費税及び地方消費税の具体的な金額が区分記載されている場合は、その消費税及び地方消費税は記載金額に含めないことになります。

（注）文書を交付する時点で運送料が確定できなくても、明らかに運送料が1万円未満の場合に、「運送料10,000円未満」等の記載により、運送料が1万円未満である旨の記載をしたものは、記載金額1万円未満のものとして非課税文書として取り扱われます。

3　送り状の取扱い

　なお、事例の3枚目の伝票や4枚目の伝票のように、荷送人が運送人の請求に応じて交付することとなる書面で、貨物とともにその荷受人（到着地）に送付される文書は、荷受人が運送品の同一性を検査し、また、着払運賃など、その負担する義務の範囲を知るために利用される文書で、一般に「送り状」などと呼称されている文書は、印紙税の課税対象から除かれている「運送状」に該当しますから、課税文書には該当しません（印法別表第一課税物件表第1号の4文書の定義欄3）。

　ただし、表題が「送り状」となっている文書であっても、上記1の要件を満たす文書であれば、運送に関する契約書（第1号の4文書）に該当

4　結論

　事例の伝票綴り1枚目の文書（送り状控え）は、表題が「貨物受取書」になっていますが、発地、着地、運送賃、荷受人及び荷送人の事項等が記載され、荷送人に交付されるものですから、単なる貨物の受取書ではなく運送契約の成立の事実を証明する目的で作成されるものと認められますので、運送に関する契約書（第1号の4文書）に該当します（印基通別表第一第1号の4文書の3）。記載金額が運賃の3万円となるので、200円の印紙貼付が必要となります。

　なお、事例の伝票綴りの2枚目は、配送伝票としてA運送株式会社の手元控えとなるものですから、課税文書とはなりません（3枚目、4枚目は上記3のとおりで、やはり課税文書とはなりません。）

ADVICE 顧問先へのアドバイス

　荷送人の控えとするためのものや事務整理用のために交付を受けるもので、運送人の記名押印がないものは、単なる貨物の受取書ですので、課税文書には該当しないこととなります。

　したがって、貨物の受取書と評価できる文書となるよう、記載の仕方や使用方法に工夫を施すことを検討します。

実務のポイントをつかむ

☑ **貨物運送に関して作成される文書の印紙税の取扱い**

　表題が「運送状」、「送り状」などと称する文書であっても、運送品とともに、その到達地に送付されることなく、運送契約の成立を証明するために荷送人に交付されるものは運送状には該当せず、第1号の4文書（運送に関する契約書）として取り扱われる。した

Ⅲ 税務調査で指摘される不納付事例と留意事項

がって、貨物運送に関して作成される文書の使用方法などによって、課税文書となるものがある。

☞前述Ⅰの「第2 課税範囲 4 課税文書の取扱い（主な課税文書の概要）
(1) 第1号文書 ④ 運送に関する契約書（第1号の4文書）」(24頁)参照

〔参考〕貨物運送に関して作成される文書の取扱いは、おおむね次表のとおりとなります。

貨物運送に関して作成される文書の印紙税の取扱い

文書の使用方法など	印紙税の取扱い	説　明
① 荷送人の控えとして使用するもの	原則課税されませんが、運送に関する契約書（第1号の4文書）に該当し、課税されるものがあります。	荷送人の控え又は事務整理のための文書であり、課税されません。ただし、これに運送人が運送引受の証として、記名押印又は引受印の押印などを行った場合は、第1号の4文書として課税されます。
② 荷送人に交付するもの（⑥又は⑦に該当するものを除きます。）	運送に関する契約書（第1号の4文書）として課税されます。なお、運送品の受取書に該当し、課税されないものがあります。	運送引受の証として、交付するものであり、第1号の4文書として課税されます。ただし、荷送人の住所、氏名又は名称、運送品の品名、数量及び荷姿程度の記載内容で、文書の表題その他からみて、運送品の受領事実を証するものであることが明らかなものは、課税されません。
③ 運送人の控え又は事務整理のためのものとして使用するもの	課税されません。	運送人の控え又は事務整理のための文書であり、契約書に該当しません。
④ 運送品とともに送付するもの	課税されません。	いわゆる運送状であり、課税されません。
⑤ 荷受人に交付するもの（⑥又は⑦に該当するものを除きます。）	課税されません。	いわゆる運送状又は運送明細の連絡文書であり、課税されません。
⑥ 運送賃の請求書として使用するもの	課税されません。なお、金銭等の受取書（第17号の1文書）と	運送賃の請求のための文書であり課税されません。ただし、これに運送賃の受領事実を証するものは

	して課税されるものがあります。	課税されます。
⑦ 運送賃の受取書として使用するもの	金銭等の受取書（第17号の1文書）として課税されます。	運送賃の受領の事実を証するものであり、第17号の1文書として課税されます。

巻末資料

印紙税法別表第一　課税物件表

印紙税法別表第一　課税物件表

発令：昭和42年法律第23号

最終改正：平成30年法律第7号

別表第一　課税物件表（第2条～第5条、第7条、第11条、第12条関係）
課税物件表の適用に関する通則

1 この表における文書の所属の決定は、この表の各号の規定による。この場合において、当該各号の規定により所属を決定することができないときは、2及び3に定めるところによる。

2 一の文書でこの表の2以上の号に掲げる文書により証されるべき事項又はこの表の1若しくは2以上の号に掲げる文書により証されるべき事項とその他の事項とが併記され、又は混合して記載されているものその他一の文書でこれに記載されている事項がこの表の2以上の号に掲げる文書により証されるべき事項に該当するものは、当該各号に掲げる文書に該当する文書とする。

3 一の文書が2の規定によりこの表の各号のうち2以上の号に掲げる文書に該当することとなる場合には、次に定めるところによりその所属を決定する。

　イ　第1号又は第2号に掲げる文書と第3号から第17号までに掲げる文書とに該当する文書は、第1号又は第2号に掲げる文書とする。ただし、第1号又は第2号に掲げる文書で契約金額の記載のないものと第7号に掲げる文書とに該当する文書は、同号に掲げる文書とし、第1号又は第2号に掲げる文書と第17号に掲げる文書とに該当する文書のうち、当該文書に売上代金（同号の定義の欄1に規定する売上代金をいう。以下この通則において同じ。）に係る受取金額（100万円を超えるものに限る。）の記載があるもので、当該受取金額が当該文書に記載された契約金額（当該金額が2以上ある場合には、その合計額）を超えるもの又は契約金額の記載のないものは、同号に掲げる文書とする。

　ロ　第1号に掲げる文書と第2号に掲げる文書とに該当する文書は、第1号に掲げる文書とする。ただし、当該文書に契約金額の記載があり、かつ、当該契約金額を第1号及び第2号に掲げる文書のそれぞれにより証されるべき事項ごとに区分することができる場合において、第1号に掲げる文書により証されるべき事項に係る金額として記載されている契約金額（当該金額が2以上ある場合には、その合計額。以下このロにおいて同じ。）が第2号に掲げる文書により証されるべき事項に係る金額として記載されている契約金額に満たないときは、同号に掲げる文書とする。

　ハ　第3号から第17号までに掲げる文書のうち2以上の号に掲げる文書に該当する

　　　　文書は、当該2以上の号のうち最も号数の少ない号に掲げる文書とする。ただし、当該文書に売上代金に係る受取金額（100万円を超えるものに限る。）の記載があるときは、第17号に掲げる文書とする。
　ニ　ホに規定する場合を除くほか、第18号から第20号までに掲げる文書と第1号から第17号までに掲げる文書とに該当する文書は、第18号から第20号までに掲げる文書とする。
　ホ　第19号若しくは第20号に掲げる文書と第1号に掲げる文書とに該当する文書で同号に掲げる文書に係る記載された契約金額が10万円を超えるもの、第19号若しくは第20号に掲げる文書と第2号に掲げる文書とに該当する文書で同号に掲げる文書に係る記載された契約金額が100万円を超えるもの又は第19号若しくは第20号に掲げる文書と第17号に掲げる文書とに該当する文書で同号に掲げる文書に係る記載された売上代金に係る受取金額が100万円を超えるものは、それぞれ、第1号、第2号又は第17号に掲げる文書とする。
4　この表の課税標準及び税率の欄の税率又は非課税物件の欄の金額が契約金額、券面金額その他当該文書により証されるべき事項に係る金額（以下この4において「契約金額等」という。）として当該文書に記載された金額（以下この4において「記載金額」という。）を基礎として定められている場合における当該金額の計算については、次に定めるところによる。
　イ　当該文書に2以上の記載金額があり、かつ、これらの金額が同一の号に該当する文書により証されるべき事項に係るものである場合には、これらの金額の合計額を当該文書の記載金額とする。
　ロ　当該文書が2の規定によりこの表の2以上の号に該当する文書である場合には、次に定めるところによる。
　　㈠　当該文書の記載金額を当該2以上の号のそれぞれに掲げる文書により証されるべき事項ごとに区分することができるときは、当該文書が3の規定によりこの表のいずれの号に掲げる文書に所属することとなるかに応じ、その所属する号に掲げる文書により証されるべき事項に係る金額を当該文書の記載金額とする。
　　㈡　当該文書の記載金額を当該2以上の号のそれぞれに掲げる文書により証されるべき事項ごとに区分することができないときは、当該金額（当該金額のうちに、当該文書が3の規定によりこの表のいずれかの号に所属することとなる場合における当該所属する号に掲げる文書により証されるべき事項に係る金額以外の金額として明らかにされている部分があるときは、当該明らかにされている部分の金額を除く。）を当該文書の記載金額とする。

ハ　当該文書が第17号に掲げる文書（3の規定により同号に掲げる文書となるものを含む。）のうち同号の物件名の欄1に掲げる受取書である場合には、税率の適用に関しては、イ又はロの規定にかかわらず、次に定めるところによる。
　　㈠　当該受取書の記載金額を売上代金に係る金額とその他の金額に区分することができるときは、売上代金に係る金額を当該受取書の記載金額とする。
　　㈡　当該受取書の記載金額を売上代金に係る金額とその他の金額に区分することができないときは、当該記載金額（当該金額のうちに売上代金に係る金額以外の金額として明らかにされている部分があるときは、当該明らかにされている部分の金額を除く。）を当該受取書の記載金額とする。
　ニ　契約金額等の変更の事実を証すべき文書について、当該文書に係る契約についての変更前の契約金額等の記載のある文書が作成されていることが明らかであり、かつ、変更の事実を証すべき文書により変更金額（変更前の契約金額等と変更後の契約金額等の差額に相当する金額をいう。以下同じ。）が記載されている場合（変更前の契約金額等と変更後の契約金額等が記載されていることにより変更金額を明らかにすることができる場合を含む。）には、当該変更金額が変更前の契約金額等を増加させるものであるときは、当該変更金額を当該文書の記載金額とし、当該変更金額が変更前の契約金額等を減少させるものであるときは、当該文書の記載金額の記載はないものとする。
　ホ　次の㈠から㈢までの規定に該当する文書の記載金額については、それぞれ㈠から㈢までに定めるところによる。
　　㈠　当該文書に記載されている単価及び数量、記号その他によりその契約金額等の計算をすることができるときは、その計算により算出した金額を当該文書の記載金額とする。
　　㈡　第1号又は第2号に掲げる文書に当該文書に係る契約についての契約金額又は単価、数量、記号その他の記載のある見積書、注文書その他これらに類する文書（この表に掲げる文書を除く。）の名称、発行の日、記号、番号その他の記載があることにより、当事者間において当該契約についての契約金額が明らかであるとき又は当該契約についての契約金額の計算をすることができるときは、当該明らかである契約金額又は当該計算により算出した契約金額を当該第1号又は第2号に掲げる文書の記載金額とする。
　　㈢　第17号に掲げる文書のうち売上代金として受け取る有価証券の受取書に当該有価証券の発行者の名称、発行の日、記号、番号その他の記載があること、又は同号に掲げる文書のうち売上代金として受け取る金銭若しくは有価証券の受取書

に当該売上代金に係る受取金額の記載のある支払通知書、請求書その他これらに類する文書の名称、発行の日、記号、番号その他の記載があることにより、当事者間において当該売上代金に係る受取金額が明らかであるときは、当該明らかである受取金額を当該受取書の記載金額とする。

へ　当該文書の記載金額が外国通貨により表示されている場合には、当該文書を作成した日における外国為替及び外国貿易法（昭和24年法律第228号）第7条第1項（外国為替相場）の規定により財務大臣が定めた基準外国為替相場又は裁定外国為替相場により当該記載金額を本邦通貨に換算した金額を当該文書についての記載金額とする。

5　この表の第1号、第2号、第7号及び第12号から第15号までにおいて「契約書」とは、契約証書、協定書、約定書その他名称のいかんを問わず、契約（その予約を含む。以下同じ。）の成立若しくは更改又は契約の内容の変更若しくは補充の事実（以下「契約の成立等」という。）を証すべき文書をいい、念書、請書その他契約の当事者の一方のみが作成する文書又は契約の当事者の全部若しくは一部の署名を欠く文書で、当事者間の了解又は商慣習に基づき契約の成立等を証することとされているものを含むものとする。

6　1から5までに規定するもののほか、この表の規定の適用に関し必要な事項は、政令で定める。

番号	課税物件 物件名	定義	課税標準及び税率	非課税物件
1	不動産、鉱業権、無体財産権、船舶若しくは航空機又は営業の譲渡に関する契約書	1 不動産には、法律の規定により不動産とみなされるもののほか、鉄道財団、軌道財団及び自動車交通事業財団を含むものとする。 2 無体財産権とは、特許権、実用新案権、商標権、意匠権、回路配置利用権、育成者権、商号及び著作権をいう。 3 運送に関する契約書には、乗車券、乗船券、航空券及び運送状を含まないものとする。 4 用船契約書には、航空機の用船契約書を含むものとし、裸用船契約書を含まないものとする。	1 契約金額の記載のある契約書 次に掲げる契約金額の区分に応じ、1通につき、次に掲げる税率とする。 10万円以下のもの 200円 10万円を超え50万円以下のもの 400円 50万円を超え100万円以下のもの 1千円 100万円を超え500万円以下のもの 2千円 500万円を超え1千万円以下のもの 1万円 1千万円を超え5千万円以下のもの 2万円 5千万円を超え1億円以下のもの 6万円 1億円を超え5億円以下のもの 10万円 5億円を超え10億円以下のもの 20万円 10億円を超え50億円以下のもの 40万円 50億円を超えるもの 60万円 2 契約金額の記載のない契約書 1通につき 200円	1 契約金額の記載のある契約書（課税物件表の適用に関する通則3イの規定が適用されることにより、この号に掲げられることとなるものを除く。）のうち、当該契約金額が1万円未満のもの
2	請負に関する契約書	1 請負には、職業野球の選手、映画の俳優その他これらに類する者で政令で定めるものの役務の提供を約することを内容とする契約を含むものとする。	1 契約金額の記載のある契約書 次に掲げる契約金額の区分に応じ、1通につき、次に掲げる税率とする。 100万円以下のもの 200円 100万円を超え200万円以下のもの 400円 200万円を超え300万円以下のもの 1千円	1 契約金額の記載のある契約書（課税物件表の適用に関する通則3イの規定が適用されることにより、この号に掲げられる

番号	課税物件 物件名	定義	課税標準及び税率	非課税物件
			300万円を超え 500万円以下のもの 2千円 500万円を超え 1千万円以下のもの 1万円 1千万円を超え 5千万円以下のもの 2万円 5千万円を超え 1億円以下のもの 6万円 1億円を超え 5億円以下のもの 10万円 5億円を超え 10億円以下のもの 20万円 10億円を超え 50億円以下のもの 40万円 50億円を超えるもの 60万円 2 契約金額の記載のない契約書 1通につき 200円	となるもの（。） のうち、当該契約金 額が1万円未満のも の
3	約束手形又は為替手形		1 2に掲げる手形以外の手形 次に掲げる手形金額の区分に応じ、1通につき、次に掲げる税率とする。 100万円以下のもの 200円 100万円を超え 200万円以下のもの 400円 200万円を超え 300万円以下のもの 600円 300万円を超え 500万円以下のもの 1千円 500万円を超え 1千万円以下のもの 2千円 1千万円を超え 2千万円以下のもの 4千円 2千万円を超え 3千万円以下のもの 6千円 3千万円を超え 5千万円以下のもの 1万円 5千万円を超え 1億円以下のもの 2万円 1億円を超え 2億円以下のもの 4万円	1 手形金額が10万円 未満の手形 2 手形金額の記載の ない手形 3 手形の複本又は謄本

印紙税法別表第一　課税物件表

295

番号	課税物件		課税標準及び税率	非課税物件
	物件名	定義		
			2億円を超え3億円以下のもの　6万円 3億円を超え5億円以下のもの　10万円 5億円を超え10億円以下のもの　15万円 10億円を超えるもの　20万円 2 次に掲げる手形 1通につき　200円 イ 一覧払の手形（手形法（昭和7年法律第20号）第34条第2項（一覧払の手形の呈示開始期日の定め）（同法第77条第1項第2号（約束手形への準用）において準用する場合を含む。）の定めをするものを除く。） ロ 日本銀行その他の政令で定める金融機関を振出人及び受取人とする手形（振出人である銀行その他の銀行で定める金融機関を受取人とするものを除く。） ハ 外国通貨により手形金額が表示される手形 ニ 外国為替及び外国貿易法第6条第1項第6号（定義）に規定する非居住者の本邦にある同法第16条の2（支払等の制限）に規定する銀行等（以下この号において「銀行等」という。）に対する本邦	

印紙税法別表第一　課税物件表

番号	課税物件 物件名	課税物件 定義	課税標準及び税率	非課税物件
			ホ　通貨をもつて表示される勘定を通ずる方法により決済される手形で政令で定めるもの	
			ヘ　本邦から貨物を輸出し又は本邦に貨物を輸入する外国為替及び外国貿易法第6条第1項第5号（定義）に規定する居住者が本邦にある銀行等を支払人として振り出す本邦通貨により手形金額が表示される手形で政令で定めるもの	
			ト　ニに掲げる手形及び銀行業に準拠して外国において銀行業を営む者が本邦にある銀行等を支払人として振り出した本邦通貨により手形金額が表示される手形で政令で定めるものを担保として、銀行等が自己を支払人として振り出す本邦通貨により手形金額が表示される手形で政令で定めるもの	
4	株券、出資証券若しくは社債券又は投資信託、貸付信託、特定目的信託若しくは受益証券発行信託の受益証券	1　出資証券とは、相互会社（保険業法（平成7年法律第105号）第2条第5項（定義）に規定する相互会社をいう。以下同じ。）の作成する基金証券及び法人の社員又は出資者の持分を証する証券で、株券及び投資信託、貸付信託、特定目的信託若しくは受益証券発行信託の受益証券以外のものをいう。	次に掲げる券面金額（券面金額の記載のない証券で株数又は口数の記載のあるものにあつては、1株又は1口につき政令で定める金額に当該株数又は口数を乗じて計算した金額）の区分に応じ、1通につき、次に掲げる税率とする。	1　日本銀行その他特別の法律により設立された法人で政令で定めるものの作成する出資証券（協同組織金融機関の優先出

297

番号	課税物件		課税標準及び税率	非課税物件
	物件名	定義		
5	合併契約書又は吸収分割契約書若しくは新設分割計画書	1 合併契約書とは、会社法（平成17年法律第86号）第748条（合併契約の締結）に規定する合併契約（保険業法第159条第1項（相互会社と株式会社の合併）に規定する相互会社の合併に係る合併契約を含む。）を証する文書（当該合併契約の変更又は補充の事実を証するものを含む。）をいう。 2 吸収分割契約書（吸収分割契約の締結）に規定する吸収分割契	1通につき 4万円	

（前ページからの続き）
1 合同会社の社員たる地位を証する文書（投資信託及び投資法人に関する法律（昭和26年法律第198号）に規定する投資証券を含む。）をいう。
2 社債券には、特別の法律により法人の発行する債券及び相互会社の社債券を含むものとする。

課税標準及び税率	非課税物件
500万円以下のもの 200円 500万円を超え1千万円以下のもの 1千円 1千万円を超え五千万円以下のもの 2千円 5千万円を超え1億円以下のもの 1万円 1億円を超えるもの 2万円	資に関する法律（平成5年法律第44号）に規定する優先出資証券を除く。） 2 受益権を他の投資信託の受託者に取得させることを目的とする投資信託の受益証券で政令で定めるもの

298

番号	課税物件		課税標準及び税率	非課税物件
	物件名	定義		
		約を証する文書（当該吸収分割契約の変更又は補充の事実を証するものを含む。）をいう。 3 新設分割計画書とは、会社法第762条第1項（新設分割計画の作成）に規定する新設分割計画を証する文書（当該新設分割計画の変更又は補充の事実を証するものを含む。）をいう。		
6	定款	1 定款は、会社（相互会社を含む。）の設立のときに作成される定款の原本に限るものとする。	1通につき 4万円	1 株式会社又は相互会社の定款のうち、公証人法第62条ノ3第3項（定款の認証手続）の規定により公証人の保存するもの以外のもの
7	継続的取引の基本となる契約書（契約期間の記載のあるもののうち、当該契約期間が3月以内であ	1 継続的取引の基本となる契約書とは、特約店契約書、代理店契約書、銀行取引約定書その他の契約書で、特定の相手方との間に継続的に生ずる	1通につき 4千円	

番号	課税物件 物件名	定義	課税標準及び税率	非課税物件
		り、かつ、更新に関する定めのないものを除く。）		
		取引の基本となるもののうち、政令で定めるものをいう。		
8	預貯金証書		1通につき 200円	1 信用金庫その他政令で定める金融機関の作成する預貯金証書で、記載された預入額が1万円未満のもの
9	貨物引換証、倉庫証券又は船荷証券	1 貨物引換証又は船荷証券は、商法（明治32年法律第48号）第571条第2項（貨物引換証）の記載事項又は同法第769条（船荷証券）若しくは国際海上物品運送法（昭和32年法律第172号）第7条（船荷証券）の記載事項の一部を欠くも、これらの証券と類似の効用を有するものをも含むものとする。 2 倉庫証券には、預証券、質入証券及び倉荷証券のほか、商法第599条（預証券等）の	1通につき 200円	1 船荷証券の謄本

印紙税法別表第一　課税物件表

番号	課税物件		課税標準及び税率	非課税物件
	物件名	定義		
		記載事項の一部を欠く証書で、これらの証券と類似の効用を有するものを含むものとする。		
10	保険証券	1　保険証券とは、保険証券その他の名称のいかんを問わず、保険法（平成20年法律第56号）第6条第1項（損害保険契約の締結時の書面交付）、第40条第1項（生命保険契約の締結時の書面交付）又は第69条第1項（傷害疾病定額保険契約の締結時の書面交付）その他の法令の規定により、保険契約に係る保険者が当該保険契約を締結したときに当該保険契約に係る保険契約者に対して交付する書面（当該保険契約者からの再交付の請求により交付するものを含み、保険業法第3条第5項第3号（免許）に掲げる保険に係る保険契約その他の保険契約に係る政令	1通につき 200円	

301

番号	課税物件		課税標準及び税率		非課税物件
	物件名	定義			
11	信用状		1通につき	200円	
12	信託行為に関する契約書	1 信託行為に関する契約書には、信託証書を含むものとする。	1通につき	200円	
13	債務の保証に関する契約書（主たる債務の契約書に併記するものを除く。）		1通につき	200円	1 身元保証ニ関スル法律（昭和8年法律第42号）に定める身元保証に関する契約書
14	金銭又は有価証券の寄託に関する契約書		1通につき	200円	
15	債権譲渡又は債務引受けに関する契約書		1通につき	200円	1 契約金額の記載のある契約書のうち、当該契約金額が1万円未満のもの
16	配当金領収証又は配当金振込通知書	1 配当金領収証とは、配当金領収書その他名称のいかんを問わず、配当金の支払を受ける権利を表彰する証書又は配	1通につき	200円	1 記載された配当金額が3千円未満の証書又は文書

印紙税法別表第一　課税物件表

番号	課税物件 物件名	定義	課税標準及び税率	非課税物件
17	1　売上代金に係る金銭又は有価証券の受取書 2　金銭又は有価証券の受取書で1に掲げる受取書以外のもの	1　売上代金に係る金銭又は有価証券の受取書とは、資産を譲渡し若しくは使用させること（当該資産に係る権利を設定することを含む。）又は役務を提供することによる対価（手付けを含み、金融商品取引法（昭和23年法律第25号）第2条第1項（定義）に規定する有価証券その他これに準ずるもので政令で定めるものの譲渡の対価、保険料その他の政令で定めるものを除く。以下「売上代金」という。 当金の受領の事実を証するための証書をいう。 2　配当金振込通知書とは、配当金振込票その他の名称のいかんを問わず、配当金が銀行その他の金融機関にある株主の預貯金口座その他の勘定に振込みである旨を株主に通知する文書をいう。	1　売上代金に係る金銭又は有価証券の受取書で受取金額の記載のあるものは、次に掲げる受取金額の区分に応じ、1通につき、次に掲げる税率とする。 100万円以下のもの　200円 100万円を超え200万円以下のもの　400円 200万円を超え300万円以下のもの　600円 300万円を超え500万円以下のもの　1千円 500万円を超え1千万円以下のもの　2千円 1千万円を超え2千万円以下のもの　4千円 2千万円を超え3千万円以下のもの　6千円 3千万円を超え5千万円以下のもの　1万円 5千万円を超え1億円以下のもの　2万円 1億円を超え2億円以下のもの　4万円	1　記載された受取金額が5万円未満の受取書 2　営業（会社以外の法人で、法令の規定又は定款の定めにより利益金又は剰余金の配当又は分配をすることができることとなっているものが、その出資者以外の者に対して行う事業を含み、当該出資者がその出資した者がその出資した

303

番号	課税物件		課税標準及び税率	非課税物件
	物件名	定義		
		イ 当該受取書に記載されている受取金額の一部に売上代金が含まれている金銭又は有価証券の受取書は有価証券の全部及び一部が当該受取金額の全部又は一部が売上代金であるかどうかが当該受取書の記載事項によりが明らかにされていない金銭又は有価証券の受取書 ロ 他人の事務の委託を受けた者（以下この欄において「受託者」という。）が当該委託をした者（以下「委託者」という。）に代わって売上代金を受け取る場合に作成する金銭又は有価証券の受取書（銀行その他の金融機関が作成する預貯金口座への振込金の受取書その他これに	2億円を超え3億円以下のもの 6万円 3億円を超え5億円以下のもの 10万円 5億円を超え10億円以下のもの 15万円 10億円を超えるもの 20万円 2 1に掲げる受取書以外の受取書 1通につき 200円	法人に対してして行う営業を除く〈。〉に関しない受取書 3 有価証券又は第8号、第12号、第14号若しくは前号に掲げる文書に追記記した受取書

印紙税法別表第一　課税物件表

番号	課税物件		課税標準及び税率	非課税物件
	物件名	定義		
		類するもので政令で定めるものを除く。二において同じ。） ハ　受託者が委託者に代わって受け取る売上代金の全部又は一部に相当する金額を委託者が受託者から受け取る場合に作成する金銭又は有価証券の受取書 ニ　受託者が委託者に代わって支払う売上代金の全部又は一部に相当する金額を委託者から受け取る場合に作成する金銭又は有価証券の受取書		
18	預貯金通帳、信託行為に関する通帳、銀行若しくは無尽会社の作成する掛金通帳、生命保険会社の作成する保険料通帳又は生命共済の掛金通帳	1　生命共済の掛金通帳とは、農業協同組合その他の法人が生命共済に係る契約に関し作成する掛金通帳で、政令で定めるものをいう。	1冊につき　200円	1　信用金庫その他政令で定める金融機関の作成する預貯金通帳 2　所得税法第9条第1項第2号（非課税所得）に規定する預貯金に係る預貯金通帳

305

番号	課税物件		課税標準及び税率	非課税物件
	物件名	定義		
19	第1号、第2号、第14号又は第17号に掲げる文書により証されるべき事項を付け込んで証明する目的をもって作成する通帳（前号に掲げる通帳を除く。）		1冊につき 400円	帳その他政令で定める普通預金通帳
20	判取帳	1 判取帳とは、第1号、第2号、第14号又は第17号に掲げる文書により証されるべき事項につき2以上の相手方から付込証明を受ける目的をもって作成する帳簿をいう。	1冊につき 4千円	

〔編注〕租税特別措置法第91条の規定により、①不動産の譲渡に関する契約書（第1号の1文書）及び②建設業法第2条第1項に規定する建設工事の請負に係る契約に基づき作成される請負に関する契約書（第2号文書）は、本則税率にかかわらず、次のとおり軽減措置が適用される。

① 不動産の譲渡に関する契約書（第1号の1文書）

平成26年4月1日 〜平成32年（2020年）3月31日	平成9年4月1日〜平成26年3月31日
記載された契約金額が	記載された契約金額が
10万円を超え50万円以下のもの　　200円	1千万円を超え5千万円以下のもの　1万5千円
50万円を超え100万円以下のもの　　500円	5千万円を超え1億円以下のもの　　4万5千円
100万円を超え500万円以下のもの　　1千円	1億円を超え5億円以下のもの　　　8万円
500万円を超え1千万円以下のもの　　5千円	5億円を超え10億円以下のもの　　18万円
1千万円を超え5千万円以下のもの　　1万円	10億円を超え50億円以下のもの　　36万円
5千万円を超え1億円以下のもの　　　3万円	50億円を超えるもの　　　　　　　54万円
1億円を超え5億円以下のもの　　　　6万円	
5億円を超え10億円以下のもの　　　16万円	
10億円を超え50億円以下のもの　　32万円	
50億円を超えるもの　　　　　　　48万円	

（注）　契約金額の記載のないものの印紙税額は、本則どおり200円となる。

② 建設業法第2条第1項に規定する建設工事の請負に係る契約に基づき作成される請負に関する契約書（第2号文書）

平成26年4月1日 〜平成32年（2020年）3月31日	平成9年4月1日〜平成26年3月31日
記載された契約金額が	記載された契約金額が
100万円を超え200万円以下のもの　　200円	1千万円を超え5千万円以下のもの　1万5千円
200万円を超え300万円以下のもの　　500円	5千万円を超え1億円以下のもの　　4万5千円
300万円を超え500万円以下のもの　　1千円	1億円を超え5億円以下のもの　　　8万円
500万円を超え1千万円以下のもの　　5千円	5億円を超え10億円以下のもの　　18万円
1千万円を超え5千万円以下のもの　　1万円	10億円を超え50億円以下のもの　　36万円
5千万円を超え1億円以下のもの　　　3万円	50億円を超えるもの　　　　　　　54万円
1億円を超え5億円以下のもの　　　　6万円	
5億円を超え10億円以下のもの　　　16万円	
10億円を超え50億円以下のもの　　32万円	
50億円を超えるもの　　　　　　　48万円	

（注）　契約金額の記載のないものの印紙税額は、本則どおり200円となる。

著者紹介

佐藤　明弘（さとう　あきひろ）

国税庁課税部消費税課勤務などを通じて、長年にわたり消費税や間接諸税（主に印紙税）の審理・課税事務を担当。国税庁課税部消費税室課長補佐、税務大学校研究部教授、東京国税局調査第一部特別国税調査官、同局課税第二部統括国税調査官（印紙税等調査担当）、弘前税務署長、税務大学校専門教育部主任教授、東京国税局課税第二部消費税課長、仙台国税不服審判所部長審判官、江戸川北税務署長等を歴任し、平成29年退官。東京都中央区に税理士事務所を開設し、現在に至る。

サービス・インフォメーション
―――――――――――――――――――通話無料―――
① 商品に関するご照会・お申込みのご依頼
　　　　　　TEL 0120(203)694／FAX 0120(302)640
② ご住所・ご名義等各種変更のご連絡
　　　　　　TEL 0120(203)696／FAX 0120(202)974
③ 請求・お支払いに関するご照会・ご要望
　　　　　　TEL 0120(203)695／FAX 0120(202)973

●フリーダイヤル（TEL）の受付時間は、土・日・祝日を除く9:00〜17:30です。
●FAXは24時間受け付けておりますので、あわせてご利用ください。

税務調査官の視点からつかむ　印紙税の実務と対策
〜顧問先に喜ばれる一歩踏み込んだアドバイス〜

平成30年9月30日　初版発行

著　者　　佐　藤　明　弘
発行者　　田　中　英　弥
発行所　　第一法規株式会社
　　　　　〒107-8560　東京都港区南青山2-11-17
　　　　　ホームページ　http://www.daiichihoki.co.jp/
装　丁　　篠　　隆　二

税務調査印紙税　ISBN 978-4-474-06430-0　C2033 (3)